I NOSTRI CUORI IN FUGA.

L'AMORE

COME CHIAVE PER LA LIBERTÀ.

Di

Giulia Bruni

Introduzione

Questa storia è ambientata nel 2105 la maggior parte della popolazione nel 2045 ha deciso di andare a vivere in un altro sistema solare, la terra ormai non aveva più risorse per i suoi 11 miliardi di persone. I più coraggiosi e i più ricchi avevano deciso di andarsene. Questo puntino blu che noi chiamiamo pianeta Terra, grazie a quella popolazione che ha deciso di ricominciare altrove nella Via Lattea, è rifiorito, non ha più malattie, non ha più problemi economici, ha cibo e acqua per tutti e regna la pace ovunque. L'unico "problema" e non che lo fosse per tutti, erano le nuove leggi che dovevano mantenere stabile questo equilibrio ottenuto.

Benvenuti nella città perfetta: Harmony Prime, che la vostra armonia basata sulla perfezione e soprattutto senza sentimenti, possa accompagnarvi per sempre per un futuro migliore.

Sommario

Capitolo 1: "L'inizio della storia"

Qui ad Harmony prime, l'armonia e l'ordine regnano sovrani, un luogo dove ogni aspetto della vita quotidiana è attentamente governato per garantire una perfezione senza eguali. Lasciatevi ammaliare dalla sua bellezza impeccabile e dalla sua architettura stupefacente.

Le strade, pulite come un riflesso su uno specchio, si snodano con una precisione matematica. Ogni edificio, alto e maestoso, sembra essere stato plasmato dallo stesso respiro dell'estetica. Le facciate scintillano come diamanti, riflettendo i raggi del sole che attraversano l'atmosfera serena. Ogni dettaglio architettonico è meticolosamente curato, come se ogni pietra, ogni finestra e ogni balcone fosse stato posizionato con un amore infinito, ma qui d'amore non c'e' proprio niente.

Ma è nell'ordine che questa città si distingue. Le persone si muovono come ingranaggi perfetti, in sincronia con il ritmo dei loro orologi interni. Ogni attività è coreografata in modo impeccabile, come una sinfonia di precisione. Le strade sono prive di caos, senza il frastuono dei clacson o il rumore dei pedoni impazienti. I semafori, con il loro sistema di sincronizzazione millimetrico, assicurano un flusso costante di veicoli, senza intoppi né frenesia.

La maggior parte della popolazione, sembra essere in sintonia con questo controllo perfetto. Ogni individuo svolge il proprio ruolo nella società senza una piega. Gli occhi scrutano in silenzio, senza esprimere emozioni o pensieri indipendenti. I volti sono impassibili, maschere di obbedienza assoluta. Ogni voce è soffocata, soffocata da un apparato di controllo invisibile ma potente.

Ma, dietro l'apparente idillio, si cela un sentimento di angoscia represso. Nelle menti di alcuni cittadini, una voglia incontenibile di manifestare amore, lotta contro le catene invisibili che ci imprigionano. Sognano di esplorare l'ignoto, di esprimere emozioni autentiche e di rompere le barriere dell'oppressione. Ma la città perfetta non concede tali lussi.

L'atmosfera è inebriante, ma nel profondo c'è un senso di claustrofobia. Le strade ordinate e i volti senza espressione diventano una gabbia dorata, una prigione di convenzioni opprimenti. L'ordine, l'armonia e senza più nessun tipo di problema che una volta sembravano così desiderabili ora diventano simboli di controllo tirannico.

In questa città, la perfezione è un'illusione che nasconde il disprezzo per l'individualità e l'indipendenza. Il sentimento umano è soffocato, schiacciato sotto il tallone di un regime dispotico mascherato da utopia. Ma non tutti si lasciano ingannare. In silenzio, sussurri di ribellione si diffondono tra le anime assetate di libertà.

Nella città perfetta, l'amore e la libertà come individuo pensante sono stati sacrificati sull'altare del controllo assoluto sotto la facciata di armonia assoluta. Mentre il sole splende sulle strade immacolate, un desiderio ardente di rompere le catene di questa perfezione costruita artificialmente brucia nell'anima di alcuni suoi abitanti. Sono prigionieri di un sogno divenuto incubo, sperando in un giorno in cui il sentimento umano possa finalmente fiorire al di fuori delle rigide convenzioni imposte dal potere.

La regola del conformismo impone il suo gioco sulla vita di ogni cittadino. L'omogeneità e la conformità sono considerate virtù supremi, e coloro che si allontanano dal modello predefinito di comportamento, pensiero o apparenza sono emarginati e considerati una minaccia all'ordine stabilito. È in questo contesto opprimente che due donne, Julie e Beatrix scoprono un amore che sfida le rigide convenzioni.

Beatrix e Julie sono come due gemme che risplendono nel mare grigio di uniformità. Nel loro cuore, sentono una connessione che va oltre le superficiali aspettative della società. Lavorano assieme da anni, in una palestra della città che mantiene tutti in salute sia fisicamente che mentalmente ed è qui che hanno iniziato ad amarsi e tutt'ora si amano in gran segreto.

Julie e alta e snella, capelli color miele e occhi marroni/gialli. Ama il Karate e sa che le permetterà di difendere Beatrix, come arma preferisce la pistola. Ma la sua passione più grande è prendere in giro Beatrix perché è permalosa.

Beatrix è un po' più alta di Julie, capelli castano chiari, occhi verdi, pratica le arti marziali anche lei padroneggia abbastanza bene le armi e se la cava con la tecnlogia. Non le piace tanto se Julie la prende in giro. Entrambe hanno 27 anni.

Ma ad Harmony Prime, già l'amore in sé è vietato, persino l'amore di un Papà e una Mamma sono banditi verso il proprio figlio, quello tra persone dello stesso sesso è bandito ancor di più, sanno che potrebbe essere come una forza incontrollabile. Tuttavia, le nostre protagoniste non possono negare i loro sentimenti e si troveranno costrette a nascondere la loro relazione, a scappare da Harmony Prime innescare una ribellione per custodire tutto questo.

Nelle loro giornate, Julie e Beatrix si muovono come tutti gli altri, indossando le maschere di conformità. I loro sguardi d'intesa, i sorrisi furtivi e il tocco leggero delle loro mani sono momenti rubati, sfioramenti di umanità in una realtà distorta. Mentre camminano per le strade perfettamente ordinate, sentono il peso dell'oppressione che impedisce loro di vivere il loro amore liberamente.

Ma Harmony Prime non tollera la diversità, e il controllo sulle menti e le emozioni della popolazione è stringente, tutto è controllato. Ma l'amore anche se si cerca di allontanarlo da noi stessi è un sentimento ribelle che non può essere soppresso. Beatrix e Julie lottano silenziosamente contro le restrizioni che le tengono prigioniere nella loro stessa pelle. Si cercano negli angoli più oscuri della città, trovando rifugio l'una nell'altra, nutrendo la fiamma dell'amore che brucia dentro di loro, si cercano nei bagni della palestra nella quale lavorano, si cercano nelle strade poco illuminate di notte e ogni volta è come se fosse la prima, si amano sempre di più, si toccano sempre di più, si lasciano andare sempre di più.

Il rischio di essere scoperte è costante, poiché la città è un labirinto di occhi vigili ma loro hanno studiato ogni minimo angolo per incontrarsi indisturbate, Beatrix e Julie sono determinate a non permettere che la paura le spinga a rinunciare al loro amore. Insieme, troveranno la forza per sfidare il sistema, per ribellarsi contro la tirannia dell'omologazione.

La loro storia d'amore è un grido di libertà, un'emozione che non può essere controllata o messa in catene. Incontreranno altri amici che condivideranno il loro desiderio di libertà, formando un'ombra di resistenza contro la città perfetta. Le barriere invisibili cominceranno a sgretolarsi, poiché le persone troveranno il coraggio di sfidare l'oppressione e cercare una vita autentica, lontano dalle catene del conformismo.

Beatrix e Julie diventeranno un simbolo di speranza, di amore che non può essere rinchiuso in schemi rigidi. Il loro amore audace e proibito diventerà un faro che guida gli altri verso la libertà interiore e trascendere.

Ha così inizio la nostra storia fatta di coraggio e amore.

Harmony Prime la città perfetta, vacilla nel tentativo di mantenere il controllo, l'amore e la diversità iniziano a sbocciare come fiori ribelli attraverso le crepe del sistema.

Le fondamenta del conformismo sono scosse dalle emozioni ribelli. Intanto gli scienziati studiano una nuova genetica per il bene di tutti noi, dicono. Sarà davvero così?

Beatrix e Julie hanno degli infiltrati tra i clienti della palestra loro sono degli scienziati che lavorano a stretto contatto con il Presidente di Harmony, lo aiutano, contro la loro volontà, a mantenere l'ordine della Città, ma sanno che devono resistere a questo doppio gioco per un futuro migliore. Per questo insieme a queste poche persone coraggiose che non approvano questo sistema, combatteranno contro il dispotismo del sistema sociale, lottando per un futuro in cui l'amore possa prosperare senza restrizioni e l'individualità sia celebrata come una preziosa ricchezza. La loro storia è un richiamo alla libertà, alla speranza e all'amore che non può essere imprigionato.

Nel velo di perfezione che avvolge la città, si cela un lato oscuro che minaccia di sporcarsi di sangue e disumanità. Dietro le facciate impeccabili e l'apparente armonia, si nascondono segreti che gettano un'ombra sinistra sulla realtà di questa metropoli.

Una sera, mentre Julie e Beatrix camminano lungo i vialetti impeccabili, le nostre protagoniste sorprendono un dialogo sospetto. Due uomini in abiti scuri parlano a bassa voce, discutendo di manipolazioni genetiche e sperimentazioni umane che molto presto saranno messe in atto senza che nessuno se ne accorga.

Le loro voci sono cariche di cinismo e disprezzo per la vita umana, mentre tracciano piani per mantenere il loro potere sulle masse.

Beatrix e Julie si guardano negli occhi, i loro sguardi ricolmi di preoccupazione e determinazione.

"Dobbiamo fare qualcosa", sussurra Beatrix con voce tremante. "Non possiamo più ignorare ciò che abbiamo appena sentito. C'è qualcosa di terribile che si nasconde in questa città, credo che la manipolazione genetica non sia quello che vogliono far credere a noi, che ci farà stare bene e vivere più a lungo, se così fosse, perché ne parlano con aria sospetta?

Julie annuisce, stringendo la mano di Beatrix con forza. "Hai ragione amore mio, non possiamo voltare le spalle a tutto questo. Dobbiamo scoprire la verità e combattere per la libertà di tutti coloro che sono oppressi da questa oscurità." La perfezione di armonia è solo una maschera che nasconde un regime oppressivo, questo è un incubo.

"Non possiamo più ignorare ciò che sta accadendo", afferma Beatrix con determinazione. "Dobbiamo mettere fine a questa tirannia e riportare la luce della libertà in questa città oscurata."

Julie annuisce con sguardo deciso "Siamo state unite dall'amore, ma ora siamo unite da un obiettivo più grande. Dobbiamo essere le portatrici della verità, la speranza che romperà le catene dell'oppressione."

"Non possiamo permettere che il potere corrotto continui a distruggere la vita delle persone", sussurra Beatrix con voce vibrante di passione. Abbiamo il coraggio di cambiare il destino di questa città." Attraverso il loro coraggio e la loro devozione reciproca, le nostre protagoniste si preparano a svelare la verità al mondo, lottando per un futuro in cui la libertà e l'amore non siano più banditi e in cui la città perfetta possa finalmente riscoprire la sua vera umanità, al di là delle macerie del controllo oppressivo.

Capitolo 2: "La scoperta proibita"

L'indomani, Beatrix e Julie, spinte dalla curiosità e dal desiderio di scoprire la verità, decidono di avventurarsi sempre più all'esterno di Harmony Prime. Grazie alle dritte di due scienziati infiltrati, che hanno comunicato alle due ragazze il luogo di questo posto. Raccontando che già altri loro colleghi, sono contro tutta questa falsa armonia, stanno studiando l'interno dell'edificio.

Mentre esplorano, i loro dubbi iniziano a nutrirsi di domande inquietanti sulla natura di questa perfezione apparente. Durante le loro ricerche, arrivano in un luogo misterioso e vietato, nascosto in luogo antico, dietro grandi alberi, c'è un edificio abbandonato. Beatrix si avvicina e legge: centro di ricerche scientifico, un tempo doveva essere un importante centro di ricerca, ma di cosa?

Ora invece era avvolto nel silenzio e nell'oscurità. Beatrix e Julie, determinate a scoprire la verità, si infiltrano nell'edificio, consapevoli delle telecamere anche se poche e di quei pochi soldati nascosti che presidiano l'area, il loro ingresso è un balletto furtivo, passi silenziosi che sfiorano il pavimento, occhi vigili che scansionano l'ambiente in cerca di pericoli. Ogni passo è calcolato, ogni mossa studiata per evitare l'attenzione indesiderata. Ma nonostante la loro prudenza, il destino gioca con loro un brutto scherzo e si trovano faccia a faccia con un soldato che presidia l'area.

La tensione riempì l'aria, i muscoli delle due donne si irrigidiscono in attesa del conflitto imminente. Con un grido di sfida, il soldato si lancia all'attacco, i suoi movimenti sono precisi e letali. Ma Beatrix e Julie, con una combinazione di abilità e determinazione visto che lavoravano in una palestra, lo disarmano e rispondono alla minaccia, sfruttando ogni istante per contrattaccare.

Mentre il combattimento si intensifica, le parole e i colpi si mescolano in una sinfonia di ferocia. Beatrix e Julie si difendono, cercando di sconfiggere il nemico che rappresenta l'oppressione e la menzogna della città perfetta.

"Non puoi nascondere la verità per sempre!" grida Beatrix, le sue parole sono cariche di rabbia e disprezzo.

Il soldato, con un sorriso sprezzante, risponde: "La perfezione il vivere tranquilli, non avere malattie, e nessun tipo di problema, richiede sacrifici, e voi due non siete altro che schegge fuori posto in questa immagine impeccabile."

La battaglia raggiunge il suo culmine, l'energia impetuosa che irradia dalle protagoniste sembra sfidare l'ordine stesso della città perfetta.

Finalmente, Beatrix e Julie riescono a sconfiggere il soldato, liberando un sospiro di sollievo ma anche il dispiacere di aver ucciso un essere umano.

Si guardano negli occhi, il respiro affannato e i corpi coperti di sudore, la tensione si scioglie in un abbraccio pieno di emozioni. Un attimo di silenzio, e poi le loro labbra si incontrano in un bacio appassionato, simbolo della loro connessione profonda e proibita.

"Non possiamo più ignorare la verità", qui nascondono grandi cose sussurra Julie, le parole impregnate di determinazione. "Dobbiamo portare la luce di questa verità, anche se significa combattere contro ogni ostacolo che ci si presenterà."

Beatrix annuisce, un sorriso di coraggio e amore illuminano il suo volto. "Siamo forti insieme. E insieme, possiamo abbattere le barriere dell'oppressione e riportare la libertà a coloro che vivono nell'ombra."

La loro unione diventa una promessa, una fiamma che brucia nel buio della città perfetta. Mentre si preparano ad altre sfide lungo il cammino Beatrix e Julie sanno che il loro amore e la loro determinazione saranno la forza che le guiderà verso la vittoria e verso una nuova era di libertà e verità.

Capitolo 3: "L'edificio abbandonato e i suoi misteri"

Beatrix e Julie continuano la loro esplorazione dell'edificio misterioso, il cuore nascosto dei segreti della città perfetta. Mentre si inoltrano più in profondità, l'atmosfera cambia, avvolgendola in un'aura di mistero e potenziale pericolo. Le pareti delle stanze sono adornate da strani simboli e schemi scientifici, testimoni del passato oscuro e dei segreti che l'edificio custodisce.

Entrano in una sala di ricerca abbandonata, una volta viva e attiva, ora ridotta a un luogo silenzioso e desolato. Qui, le pareti sono coperte da lavagne piene di equazioni complesse e formule genetiche. Nel centro della stanza, sotto una luce fioca, incontrano quattro persone, "sono i cittadini che dicevano gli scienziati"? disse Beatrix?

Gabriel: un uomo di 32 anni, alto e affascinante esperto di tecnologia, il settore nella quale lavorava è: il controllo della centrale elettrica di Harmony Prime ha una passione per i testi antichi. Ha i capelli neri medio lunghi, i suoi occhi azzurri penetranti riflettono una profonda saggezza. Padroneggia le armi e il combattimento corpo a corpo.

Emma: una donna di 30 anni, con una bellezza eterea. I suoi lunghi capelli biondi incorniciano un viso dallo sguardo intenso e determinato con i suoi occhi neri. È una ricercatrice brillante, appassionata anche lei di testi antichi, ora nascosta assieme a Gabriel per poter vivere il loro amore. Hanno rinunciato alla loro vita passata per rivelare la verità sulla città perfetta. Padroneggia le armi e il combattimento corpo a corpo.

Marcus: un uomo di 46 anni, alto capelli castani e occhi marroni, ha uno sguardo intenso e un'aura piena di autorità. Il suo aspetto serio nasconde una determinazione inflessibile. Una volta è stato uno dei militari e leader nel difendere il progetto genetico, ma ora si è ribellato e si nasconde per proteggere i segreti che la città perfetta cerca di nascondere. Ha un segreto che nessuno sa.

Sofì: una donna di 28 anni, dal viso delicato, dai capelli scuri e occhi verdi. La sua bellezza è avvolta da una fiera determinazione e mistero. Ha scoperto i segreti oscuri della città perfetta lavorando al progetto stesso.

Il suo lavoro era: osservare le persone dalle telecamere presenti in tutta la città e chi desse segni di disobbedienza e manifestava amore, veniva catturato all'istante. Si è unita agli altri per combattere contro l'oppressione e contro la ricerca per la quale lavorava, innamorata da sempre di uno dei protagonisti. Grazie a questo sentimento è scappata da Harmony Prime. Solo Gabriel sa chi lei fosse, i suoi sentimenti e il suo lavoro. Ha buoni dote combattive e padroneggia bene le armi.

Mentre si incontrano nella sala di ricerca abbandonata, facendo conoscenza tra loro, le emozioni si mescolano e scoprono di essere tutti uniti per un unico scopo, quello di essere liberi d'amare.

Il gruppo mette a conoscenza le atrocità commesse in nome della perfezione e della manipolazione genetica, non sapendo ancora le atrocità che nasconderà. I loro dialoghi sono carichi di rabbia e dolore, ma anche di speranza, di desiderio, di cambiamento.

Gabriel, con voce calma ma decisa: "Abbiamo visto i limiti di questa città perfetta. Siamo stati coinvolti in un progetto che cercava di creare l'utopia, ma abbiamo scoperto che era solo una bugia, che c'era qualcosa di più grosso dietro. Ora è tempo di agire e svelare la verità."

Emma annuisce, il suo sguardo risoluto: "La manipolazione genetica non è come ce l'hanno raccontata, non è per il nostro benessere. Ci sono degli esperimenti proibiti, tutto ciò va contro la natura stessa dell'essere umano. Non possiamo permettere che questa città perpetui l'inganno e l'oppressione, che ci vietino un sentimento come l'amore che grazie a Gabriel ora conosco molto bene." I due si abbracciano.

Marcus si unisce a loro, la sua voce profonda: "Abbiamo il dovere di proteggere coloro che vivono in questa città, ignari della loro vera natura. Dobbiamo mostrare loro che c'è un'alternativa, un futuro in cui la libertà e l'amore sono possibili. Sono dieci anni che aspetto questo momento.

Sofì, con gli occhi lucenti di determinazione: "Siamo gli esuli della perfezione, pronti a combattere per la nostra libertà e per il futuro di coloro che non sanno ancora la verità. Insieme, possiamo abbattere le barriere e svelare la vera essenza dell'umanità."

Un senso di fratellanza e sorellanza si forma tra Beatrix, Julie, Gabriel, Emma, Marcus e Sofì.

L'abbraccio tra le protagoniste Beatrix e Julie è un gesto di forza per tutti "Siamo pronti", sussurra Julie, "a lottare per un mondo in cui l'amore e la libertà non siano più proibiti.

Beatrix sorride, i suoi occhi riflettono una fiamma ardente. "Insieme, possiamo cambiare il destino di questa città e aprire le porte alla vera umanità."

Il destino dei nostri sei protagonisti è intrecciato, e mentre si preparano per la battaglia imminente, sanno che solo insieme potranno svelare la verità proibita e portare la luce nella città che vive nell'illusione.

Beatrix, Julie, Gabriel, Emma, Marcus e Sofì si immergono in una frenetica attività di ricerca nell'edificio misterioso. Con la determinazione ardente che li anima, si dedicano a scavare tra i documenti nascosti, utilizzando tecnologie illegali e infiltrandosi in zone chiuse da tempo, alla ricerca di indizi che possano svelare la verità celata dalla città perfetta.

Per entrare in luoghi inaccessibili, sfruttano abilità acquisite nel corso delle loro vite. Anche Beatrix dimostra una maestria nell'hacking informatico assieme a Gabriel, aprendo porte virtuali e superando i sistemi di sicurezza che proteggono gli archivi più segreti. Julie, con la sua agilità e destrezza fisica, riesce a superare ostacoli fisici, come serrature complesse e passaggi angusti.

"Abbiamo bisogno di scoprire tutto ciò che questa città ha cercato di nascondere", dice Gabriel, con un'occhiata determinata. "Solo attraverso la conoscenza possiamo smascherare il regime oppressivo che controlla la vita di così tante persone."

Emma annuisce, mentre i suoi occhi scrutano i documenti sparsi sul tavolo. "Questi esperimenti genetici illegali devono essere portati alla luce. Dobbiamo dimostrare al mondo cosa la città perfetta ha fatto per raggiungere la sua illusione di perfezione."

Marcus, scrutando gli schemi scientifici, fa una scoperta sorprendente. "Guardate qui! Questi dati suggeriscono che il controllo sulla popolazione va oltre la manipolazione genetica. C'è qualcosa di più profondo e oscuro che si cela dietro questa città."

Sofì, con occhi determinati, solleva uno dei documenti. "Questa è una testimonianza di una persona che è riuscita a fuggire dalla città. Parla di violazioni dei diritti umani, di persone che sono state sacrificate in nome della perfezione."

Le loro ricerche in quella stanza nascosta da tutti continuavano da ore e studiando i documenti che trovavano, accumulando indizi e scoperte, dipingono un quadro inquietante. Le prove suggeriscono violazioni dei diritti umani, esperimenti proibiti e un controllo oppressivo che va oltre le aspettative.

Mentre consultano i risultati delle loro ricerche, i protagonisti si ritrovano intorno a un tavolo, discutendo dei loro progressi.

"È come se ci fosse un filo conduttore che collega tutte queste scoperte", afferma Julie, le sopracciglia aggrottate. "Dobbiamo trovare un modo per mettere insieme i pezzi del puzzle e svelare la verità al mondo."

Beatrix annuisce, la sua voce piena di risolutezza. "Sappiamo che il regime della città perfetta farà di tutto per nascondere la verità. Ma siamo pronti a combattere per la giustizia e la libertà."

Gabriel guardò i suoi compagni con fiducia. "Abbiamo fatto progressi significativi, ma c'è ancora molto lavoro da fare e capire il perché di questi esprimenti. Dobbiamo essere prudenti e prepararci per l'inevitabile battaglia che ci attende più avanti. Da qui in poi nell'edificio ci sono guardie esperte e telecamere attive.

Con il fuoco della determinazione nei loro cuori, i protagonisti si preparano per le sfide che li attendono. Sanno che la verità è a portata di mano, ma che dovranno superare molte prove e ostacoli prima di rivelarla al mondo. La lotta per la libertà e la rivelazione della verità è appena cominciata, e il loro destino è ancora tutto da scrivere.

Mentre le protagoniste e i loro nuovi amici continuano la loro ricerca segreta nell'edificio misterioso, la tensione e l'emozione aumentano con ogni passo avanti.

La luce fioca delle loro torce illumina i corridoi polverosi, mentre si addentrano in una stanza segreta precedentemente sconosciuta.

Beatrix si ferma di fronte a un'antica porta di legno, coperta di segni e incisioni.

Julie, con uno sguardo determinato, estrae un set di chiavi speciali e dopo un attimo di incertezza, inserisce la chiave corrispondente nella serratura. Con uno scatto, la porta si apre, rivelando un ambiente decadente, ma intriso di segreti.

All'interno, i protagonisti rimangono senza fiato di fronte a una serie di monitor che mostrano registrazioni nascoste. Mentre guardano attentamente, iniziano a scoprire la verità che mette in discussione tutto ciò che credevano di sapere sulla città perfetta e sulla sua leadership.

"Sembra che il controllo sulla città non sia solo un'illusione di perfezione, ma qualcosa di molto più sinistro", dice Emma, con gli occhi sbarrati di fronte alle immagini sconvolgenti. "Questi monitor rivelano un regime oppressivo che manipola anche le menti dei cittadini attraverso il controllo psicologico.

Gabriel annuisce, il suo sguardo intenso. "Questa è una delle prove che i leader della città perfetta hanno cercato di mantenere nascosto.

Sofì, con voce tremante, indica un altro monitor. "Guardate qui. Questi video mostrano gli esperimenti proibiti sulle persone, modificando geneticamente il loro corpo e la loro mente senza il loro consenso. È una violazione atroce dei diritti umani."

Marcus, con una stretta della mascella, aggiunge: "È chiaro che la leadership della città perfetta non ha a cuore il benessere dei suoi cittadini. Usano la manipolazione genetica e il controllo mentale per creare una società che si adatta ai loro interessi."

Le protagoniste si guardano l'un l'altra, lo sguardo carico di determinazione e rabbia. Questa scoperta ha scosso le loro fondamenta e alimentato la fiamma della ribellione dentro di loro. Ora, più che mai, sono decise a svelare la verità e porre fine all'oppressione che affligge la città perfetta.

Beatrix rompe il silenzio, la sua voce vibrante di determinazione. "Questa scoperta cambia tutto. Dobbiamo diffondere la verità, far conoscere al mondo l'oscurità celata dietro i muri di questa città. La gente deve sapere che la perfezione è solo una maschera."

Julie si avvicina a lei, afferrando la sua mano. "Siamo il fulcro di questa rivoluzione, della lotta per la libertà e la giustizia. Non possiamo voltarci indietro ora. Dobbiamo essere la voce di coloro che sono stati oppressi."

I loro occhi si incontrano, uno scambio di forza e fiducia. Insieme, affronteranno le sfide che si presenteranno lungo il cammino, perché hanno una missione da compiere: liberare la città perfetta dalla sua stessa illusione e riportare la speranza e la libertà nelle vite dei suoi abitanti.

Mentre si abbracciano, i protagonisti sanno che il loro cammino sarà difficile e pericoloso. Ma con la verità dalla loro parte e l'amore che le unisce, sono pronte a lottare per un futuro migliore, dove la perfezione sia definita dalla diversità e dalla libertà di essere sé stessi.

Il gruppo, nell'edificio misterioso si trova faccia a faccia con un gruppo di individui sinistri, un'organizzazione segreta che ha interessi opposti alla loro ricerca di verità e libertà nella città di Harmony Prime. Il confronto diventa inevitabile, e lo scontro tra i due gruppi scatena una serie di conflitti e scontri che mettono in pericolo la sicurezza e la vita di tutti i protagonisti.

Lo scontro è immediato e feroce. Le abilità di combattimento degli avversari sono formidabili, ma i protagonisti non si lasciano intimidire. Beatrix si muove con agilità, schivando colpi e contrattaccando con precisione. Julie fa affidamento sulla sua velocità e abilità nel corpo a corpo, infliggendo colpi potenti e rapidi. Gabriel dimostra una destrezza straordinaria con le armi da fuoco, coprendo i suoi alleati e neutralizzando gli avversari.

Emma e Gabriel lavorano in perfetta sincronia, combinando le loro armi per respingere gli attacchi nemici. Anche Sofì e Marcus, infine, dimostrano una padronanza straordinaria delle armi da fuoco, abbattendo i loro avversari con grazia e precisione.

Il combattimento è furioso, con colpi che si susseguono rapidamente e scintille che riempiono l'aria. Le pareti dell'edificio risuonano di esplosioni e il suono di colpi di fuoco. Il pericolo è palpabile, ma i protagonisti lottano con coraggio e determinazione, mossi dalla fiamma della libertà che brucia dentro di loro.

Alla fine, dopo un'accesa battaglia, i protagonisti riescono a sopraffare l'opposizione. Gli avversari in minoranza sono costretti a ritirarsi, sconfitti e incapaci di ostacolare ulteriormente la ricerca della verità e della libertà. I corridoi si riempiono di un silenzio pesante mentre i protagonisti si guardano intorno, ancora ansimanti e Julie ferita.

Julie si ritrova con un taglio profondo sul braccio, il sangue le scorreva lungo il braccio, e Beatrix è subito presa dal panico. Le sue mani tremanti afferrano rapidamente una cassetta del pronto soccorso che trovano nelle vicinanze. Sofì si unisce a loro, portando un senso di calma e determinazione.

Beatrix: "Julie, stai ferma. Andrà tutto bene. Sofì, passami quel disinfettante, per favore."

Julie stringe i denti, cercando di sopportare il dolore. Mentre Beatrix applica il disinfettante sul taglio, le loro mani si sfiorano, creando una connessione intensa. Beatrix non può fare a meno di notare il coraggio di Julie e la forza che emana nonostante la ferita.

Beatrix: "Sei coraggiosa, Julie. Non ho mai incontrato nessuno come te, per fortuna la ferita non è profonda."

Julie: "Non preoccuparti troppo. Sono più forte di quanto pensi anche perché ho te con me. Abbiamo una missione da portare avanti questo taglio è niente."

Beatrix: "Lo so, ma non posso fare a meno di preoccuparmi per te. Se ti succedesse qualcosa..."

Julie: "Tranquilla. Siamo insieme in questa lotta per noi e per i nostri amici rimasti ad Harmony prime. Non mi arrenderò facilmente."

Beatrix si avvicina a Julie i loro occhi si incrociano. In un attimo di pura sincerità e amore, si avvicina delicatamente alle sue labbra e si baciano. È un bacio carico di emozioni represse, un segno di affetto e di devozione.

La scena si svolge in un momento di tenerezza, con Beatrix e Julie che si abbracciano e si scambiano dolci parole. Intorno a loro, Sofì osserva silenziosamente, un alone di gelosia nell'aria si innalza. Sentirsi esclusa dalla connessione intima tra Beatrix e Julie la fa sentire confusa e vulnerabile.

Sofì osserva Julie da molto tempo, una figura enigmatica che l'ha affascinata fin dal primo momento che ha studiato alcuni soggetti della città. Ha studiato ogni suo movimento, cercando di comprendere i segreti che nascondeva. Ma ora, con questo bacio tra Julie e Beatrix, Sofì si rende conto di quanto sia profonda la sua attrazione per Julie e di quanto sia difficile ammettere che forse provava qualcosa di più.

Emma, Marcus e Gabriel, osservando la scena, sorridono con comprensione. Conoscono l'amicizia e l'amore molto bene e sono contenti di far parte di questo gruppo. Tutti loro sono determinati a rimanere uniti nella lotta per la libertà e la verità e sono entusiasti di aiutare due ragazze così giovani, di solo 27 anni, che hanno così tanta forza.

In quel momento, mentre Beatrix e Julie sono ancora abbracciate e Sofì guarda con una miscela di gelosia e ammirazione, il destino del gruppo si lega sempre più strettamente. Le loro emozioni e storie si intrecciano, alimentando la loro determinazione e impegno a combattere l'oppressione nella città di Harmony Prime.

Le protagoniste e i loro nuovi amici si rendono conto che, per progredire nella loro ricerca di verità sulla città di Harmony Prime, devono lavorare insieme come un gruppo unito. L'edificio misterioso, sebbene abbandonato, è ancora pieno di insidie, trappole e sorveglianza. Le telecamere sono attive, gli allarmi possono essere innescati da un passo falso e i soldati nascosti rappresentano una minaccia costante.

Determinati a superare queste sfide, il gruppo si impegna a utilizzare le loro abilità e conoscenze per destreggiarsi attraverso l'edificio senza attirare l'attenzione indesiderata. Si pianificano piani audaci e si mettono in atto strategie elaborate per evitare le telecamere e disattivare gli allarmi. Emma dimostra la sua abilità tecnologica, manipolando i sistemi di sorveglianza per eludere l'attenzione delle guardie.

Mentre procedono con cautela attraverso i corridoi silenziosi, si scambiano dialoghi profondi sul significato della loro missione e sulla rilevanza della verità. Emma, solleva la questione dell'etica e della responsabilità verso gli abitanti di Harmony Prime, sottolineando che l'ignoranza in cui vivono non è vera felicità. Marcus, aggiunge che il controllo e la manipolazione della leadership sono inaccettabili e che tutti dovrebbero avere il diritto di scegliere il proprio destino. Anche se lui ci ha messo tanti anni per capirlo.

Gabriel, con la sua esperienza e saggezza, sottolinea l'importanza dell'unità nel perseguire il cambiamento. Sottolinea che ognuno di loro ha un ruolo cruciale nella missione e che solo lavorando insieme potranno sperare di raggiungere il successo.

Mentre il gruppo si avventura in stanze segrete e locali dimenticati, devono affrontare ulteriori insidie e situazioni pericolose. I soldati nascosti li sfidano a duelli corpo a corpo, mettendo alla prova le loro abilità di combattimento. La tensione è palpabile mentre i protagonisti si confrontano con i nemici, facendo affidamento sul loro addestramento e sull'intuito per sopravvivere.

Nonostante le difficoltà e i momenti di pericolo, il gruppo rimane unito. Si sostengono a vicenda, combattendo con determinazione e condividendo parole di incoraggiamento. Ognuno si rende conto dell'importanza dell'alleanza e dell'interconnessione dei loro obiettivi.

Mentre si avvicinano sempre di più alla verità nascosta nella città di Harmony Prime, i protagonisti sono consapevoli che il loro destino è intrecciato e che solo lavorando insieme avranno la possibilità di rovesciare l'oppressione e riportare la libertà nella vita delle persone. Attraverso il percorso pericoloso e sconosciuto che affrontano, il gruppo si rafforza, forgiando un legame profondo che andrà oltre la missione stessa.

Capitolo 4: "La scoperta di un archivio segreto"

Mentre esplorano l'edificio abbandonato, i protagonisti si imbattano in un'area misteriosa, nascosta agli occhi di tutti. È un archivio segreto, un luogo in cui il passato di Harmony Prime è custodito con cura. I documenti qui raccolti risalgono a decenni fa e raccontano storie di amore proibito, di coppie che hanno sfidato le regole per seguire i loro cuori.

Beatrix: "Guardate questo! Sembra un archivio digitale segreto, nascosto a tutti. Che tesoro di informazioni potremmo trovare qui!"

Julie: "È incredibile."

Sofì: "Dobbiamo procedere con cautela. Non possiamo permettere che ci scoprano. Rimaniamo attenti e teniamoci pronti a far fronte a qualsiasi situazione."

Mentre i protagonisti iniziano ad esaminare i documenti, una serie di storie commoventi emerge davanti ai loro occhi. Storie di amanti separati, di amori proibiti che sfidavano le rigide regole di Harmony Prime.

Emma: "Guardate qui, queste lettere parlano di una coppia, James e Isabel, che hanno lottato fino alla morte per il loro amore nonostante la condanna della società. Hanno vissuto nell'ombra, ma il loro amore era così intenso che nulla poteva spegnerlo. Lo hanno persino archiviato per studiarlo."

Marcus: "È incredibile come l'amore possa sfidare anche le barriere più impenetrabili. Queste storie ci mostrano che la volontà umana e il desiderio di libertà possono superare qualsiasi ostacolo abbiamo davanti."

Gabriel: "Queste storie ci danno speranza. Sono la prova che anche noi possiamo vincere, che possiamo abbattere le catene che ci tengono prigionieri in questa città perfetta ma oppressiva. Dobbiamo liberare tutti."

Man mano che continuano a esplorare l'archivio, i protagonisti scoprono mappe segrete, piani di fuga e annotazioni dettagliate sulle sfide che ha affrontato chi è passato da lì.

Beatrix: "Questi documenti ci forniscono preziose informazioni. Possiamo imparare dai successi e dagli errori delle generazioni precedenti. Dobbiamo utilizzare queste conoscenze a nostro vantaggio."

Julie: "Abbiamo una grande responsabilità tra le mani. Siamo i custodi della verità e della speranza di tutte queste coppie che hanno sfidato il sistema. Dobbiamo farli rivivere attraverso le nostre azioni." E Beatrix davanti a queste parole la stringe a sé.

Sofì, osservando Beatrix e Julie, si sente un po' a disagio. Vedere la loro intimità e il loro amore che si rinforza in questo contesto risveglia sentimenti contrastanti in lei.

Sofì (tra sé): Da quanto tempo osservo Julie? E perché mi disturba tanto vedere la sua connessione con Beatrix? È come se volessi essere al suo posto, ma allo stesso tempo non posso permettere che queste emozioni influenzino la nostra missione.

Emma, Marcus e Gabriel osservano la scena, notando le tensioni emotive di Sofi. Sanno che dovranno affrontare non solo le sfide esterne, ma anche le complessità delle relazioni all'interno del gruppo. Loro quattro in fondo si conoscono molto bene e conoscono molto bene anche le nostre protagoniste. Tutti i membri vicino al Presidente, conoscevano Julie e Beatrix e di conseguenza i nostri protagonisti. Sapevano che forse grazie a loro era arrivato il momento di ribellarsi.

Gabriel, per spezzare la tensione: "Dobbiamo stare uniti più che mai. Le nostre vite sono intrecciate in questa lotta per la verità e la libertà. Non possiamo permettere che i nostri sentimenti personali mettano a rischio tutto ciò per cui stiamo combattendo." E guardò Sofì.

Marcus: "Hai ragione, dobbiamo superare queste sfide insieme, ricordandoci sempre il nostro obiettivo comune. Non possiamo permettere che le emozioni personali ci distraggano dal compito che abbiamo davanti."

Gabriel: "Siamo una squadra, e solo uniti potremo vincere. Abbiamo scoperto tanto oggi, e dobbiamo utilizzare queste informazioni per plasmare il nostro futuro. Non dobbiamo permettere che nulla ci fermi."

Il gruppo si riunisce, ricompone le proprie emozioni e continua la loro missione, armato di conoscenza e determinazione. Sanno che la lotta sarà ardua, ma sono pronti a sfidare tutto ciò che si interpone tra loro e la verità nascosta di Harmony Prime.

Gabriel ed Emma, si trovano a lavorare insieme per decifrare i documenti trovati. I loro sguardi si incrociano spesso, rivelando un'intesa silenziosa tra loro. Nel calore dell'archivio segreto, si trovano immersi in un'atmosfera carica di tensione ed emozioni.

Gabriel: "Emma, sei così abile nell'analizzare i simboli e le lingue antiche. La tua intuizione è davvero unica."

Emma: "Grazie, Gabriel. Ma senza il tuo acume e la tua dedizione, non saremmo riusciti ad arrivare così lontano. Il nostro lavoro di squadra è essenziale per decifrare questi indizi."

Con un impegno senza riserve, Gabriel ed Emma si dedicano a interpretare i simboli e a svelare il significato celato dietro i documenti antichi. I loro sforzi portano alla luce strategie rivoluzionarie adottate dai ribelli del passato.

Gabriel: "Questo simbolo ricorrente nel dna sembra essere un segno di comunicazione criptata. Potrebbe indicare una svolta.

Emma: "Esatto, Gabriel. E guarda qui invece, queste annotazioni suggeriscono che i ribelli si infiltravano di nascosto tra i ranghi della leadership per sabotare le operazioni. Sfruttavano la loro stessa perfetta macchina di controllo contro di loro."

Guidati dalle informazioni decifrate, Gabriel ed Emma sviluppano una strategia per la loro ribellione. Sanno che dovranno utilizzare tattiche di infiltrazione e sabotaggio per mettere in crisi il sistema oppressivo di Harmony Prime.

Gabriel: "Abbiamo appreso molto dai nostri predecessori. Dobbiamo adottare le loro strategie e adattarle alle nostre circostanze attuali. Solo così potremo sperare di rovesciare questo regime di controllo."

Emma: "Hai ragione, Gabriel. Dobbiamo essere intelligenti e astuti. Non possiamo attaccare frontalmente, ma possiamo colpire nei punti deboli. Sfruttiamo la loro stessa perfezione contro di loro."

Con le loro strategie delineate, Gabriel ed Emma si guardano negli occhi, unendo le loro menti e i loro cuori nell'obiettivo comune di liberare Harmony Prime. Mentre si abbracciano, i loro sentimenti si intensificano, la loro connessione si rafforza in un'energia che li sprona ad andare avanti.

Nel frattempo, Sofì, osservando da lontano il legame tra Gabriel ed Emma, prova un senso di gelosia mescolato a un senso di tradimento. Da tempo osserva e studia Julie, ma ora si trova a confrontarsi con l'amore di altri suoi due amici.

Sofì, silenziosa, si allontana per un momento di riflessione, cercando di comprendere le complesse dinamiche di cuore e mente che stanno prendendo forma tra i protagonisti.

Mentre il gruppo continua a scavare nei segreti dell'edificio abbandonato, trovano una registrazione al computer che li conduce a un video di un anziano saggio, un ex membro di un movimento di liberazione. La sua saggezza gli si leggeva nei suoi occhi rugosi, mentre era davanti a una telecamera, pronto a condividere le sue conoscenze.

Il saggio: "Salve, giovani ribelli. Sono lieto che abbiate trovato queste registrazioni. Il mio nome è Samuel, e un tempo facevo parte di un gruppo che lottava per la libertà, al di fuori delle mura di Harmony Prime."

Il gruppo si raduna intorno allo schermo del computer, attenti alle parole di Samuel. Le sue storie d'amore proibite risuonano nelle loro anime, portando alla luce una comprensione più profonda della realtà oppressiva in cui vivono.

Samuel: "Nel corso degli anni, ho visto molte coppie che si sono innamorate al di fuori dei confini imposti da Harmony Prime. Sono state affrontate sfide immense e spesso dolorose. Ma l'amore è più forte di qualsiasi regime oppressivo. È un fuoco che non può essere estinto."

Gabriel si domandò: "che cosa possiamo fare per sfidare questa oppressione? Qual è il nostro prossimo passo?"

Samuel: "So che vi starete chiedendo che cosa potete fare. La verità è che esiste un villaggio segreto al di fuori di Harmony Prime, un rifugio per i ribelli che cercano la libertà. Lì, potete trovare alleati che condividono la vostra causa. Dovrete superare ostacoli e pericoli per raggiungerlo, ma la speranza di una vita libera vi attende."

Emma ai ragazzi chiede: "Ma come possiamo fidarci di queste informazioni? Come sappiamo che non è un inganno?"

Samuel: "So anche che nutrite dei dubbi in questo messaggio e vi starete chiedendo se possiate fidarvi di me, capisco i vostri dubbi, ma vi prego di credere in me e in quello che vi ho mostrato. Le mie parole sono frutto di esperienza e di una lotta che ho combattuto per anni. Seguite le tracce nascoste nei documenti che avete trovato, seguite il filo sottile della verità che si cela dietro la perfetta facciata di Harmony Prime e troverete le indicazioni per il villaggio. Ma fate presto."

Il gruppo si guarda l'un l'altro, con gli occhi carichi di speranza e determinazione. Sanno che devono sbrigarsi a trovare l'uscita e a seguire le indicazioni di Samuel per tracciare un percorso verso la libertà al di fuori delle mura di Harmony Prime.

Gabriel: "Samuel so che non puoi sentirci ma, ti ringraziamo per queste preziose informazioni. Le terremo nel cuore e ci impegneremo a seguire la strada che ci hai indicato."

Samuel: "Vi lascio con un messaggio che viene dal cuore, la mia speranza è che voi riusciate a realizzare ciò che noi non siamo riusciti. Siate coraggiosi e tenaci nella vostra lotta. La libertà è un diritto che nessuno dovrebbe negarci."

Mentre la registrazione giunge al termine, il gruppo rimane in silenzio per un istante, meditando sulle parole del saggio Samuel. Poi, Emma si avvicina a Gabriel e gli prende la mano, un gesto di fiducia e di connessione profonda.

Il gruppo si guarda negli occhi, consapevoli che il loro destino è intrecciato e che solo lavorando insieme potranno sperare di superare le sfide che li attendono. È un momento di rinnovata determinazione, mentre si preparano ad affrontare il cammino verso il villaggio segreto e verso la libertà tanto agognata.

Mentre il gruppo degli alleati si avventura più in profondità nell'edificio, all'insaputa di tutti, un'ombra sinistra li osserva attentamente. Era lì fin dall'inizio, spiando ogni loro mossa e raccogliendo informazioni preziose sulle loro intenzioni. Si tratta di un uomo misterioso di nome Viktor, un ex membro del regime oppressivo di Harmony Prime, che ha deciso di proteggere i segreti che la città perfetta nasconde.

Viktor è un uomo di mezza età, dal volto scavato dalle rughe e gli occhi penetranti come due fiamme oscure. Indossa un abito scuro e una giacca di pelle logora, segni della sua vita passata tra le ombre. Ha seguito il gruppo silenziosamente, mettendo in atto la sua tattica per rivelarsi solo al momento opportuno.

Mentre gli alleati sono impegnati nel decifrare le informazioni, Viktor si avvicina furtivamente da dietro, cercando di colpirli con un attacco a sorpresa. Ma Marcus, l'atletico e coraggioso membro del gruppo, intuisce il pericolo e si lancia contro Viktor, afferrandolo per il colletto.

Marcus: "Chi sei tu? Cosa vuoi da noi?"

Viktor: "Sono solo un guardiano dei segreti che non devono essere svelati. Mi rifiuto di permettere che il vostro desiderio di libertà metta a repentaglio l'ordine che abbiamo costruito."

Beatrix, con il suo spirito indomabile, si avvicina a Viktor, pronta a difendere i suoi compagni. "Non permetteremo a nessuno di metterci contro. Siamo determinati a scoprire la verità e a portare giustizia in questa città."

Nel frattempo, Sofì, Julie, Emma e Gabriel si schierano al fianco dei loro compagni, pronti a lottare per proteggere le informazioni che hanno appena scoperto.

Il combattimento si fa violento, con colpi scambiati da entrambe le parti. Viktor dimostra abilità sorprendenti, ma il gruppo degli alleati è unito e determinato. Sofì, con la sua agilità e destrezza, si lancia in un attacco fulmineo contro Viktor, ma egli riesce a colpirla alla gamba con un colpo preciso.

Sofì cade a terra, ferita ad una gamba, mentre il gruppo intensifica i propri sforzi per sconfiggere Viktor. Con una serie di movimenti sincronizzati, combinando la forza di Marcus, la precisione di Beatrix, l'intuizione di Julie, la grinta e le armi, si trovano in vantaggio.

Infine, Beatrix riesce a disarmare Viktor e, con un ultimo colpo ben assestato, lo stende a terra. La figura losca emette un gemito di sconfitta e i suoi occhi si spengono per sempre.

Mentre la tensione del combattimento si dissipa, Beatrix e Julie si precipitano accanto a Sofì, preoccupate per la sua ferita. Julie si inginocchia, prendendo delicatamente la mano di Sofì tra le sue, mentre Beatrix cerca di tamponare la ferita sulla gamba che brucia.

Julie: "Stai tranquilla, Sofì. Siamo qui con te. Ci prenderemo cura di te."

Sofì guarda Julie con occhi pieni di gratitudine e amore, ma nasconde un sentimento segreto, un desiderio che non può ancora permettersi di rivelare. I loro occhi si incontrano per un istante, e Sofì si sente pervasa da un calore dolce e confortante. Ma sa che in questa situazione pericolosa e incerta, è meglio tacere e concentrarsi sulla missione che hanno di fronte.

Nel frattempo, Marcus, Emma e Gabriel si siedono su un vecchio divano polveroso, ancora in preda all'adrenalina della battaglia. Si scambiano sguardi carichi di gratitudine e rispetto reciproco.

Marcus: "Siamo riusciti a sconfiggerlo, ma questa minaccia potrebbe non essere l'ultima. Dobbiamo rimanere vigili e pronti a combattere ancora."

Emma: "Hai ragione, Marcus. Non possiamo abbassare la guardia. La nostra ricerca della verità e della libertà non può essere fermata da nessuno."

Gabriel: "E dobbiamo anche proteggere le informazioni che abbiamo appena scoperto. Potrebbero essere la chiave per cambiare tutto."

I tre si stringono la mano, riaffermando il loro impegno verso la causa comune. Sanno che devono restare uniti e fidarsi l'uno dell'altro per superare ogni sfida che incontreranno lungo il cammino.

Nel frattempo, Beatrix e Julie terminano di curare la ferita di Sofì. Beatrix avvolge con delicatezza la gamba di Sofì in una benda, mentre Julie la osserva con un'espressione premurosa.

Beatrix: "Sofì Dovresti riposare un po' ora e lasciar passare il dolore."

Sofì annuisce e ringrazia, cercando di nascondere le emozioni verso Julie che ardono nel suo cuore.

Intanto, il gruppo si riunisce nuovamente, con Sofì che si unisce loro, appoggiandosi al braccio di Julie per trovare sostegno.

Marcus: "Siamo arrivati fin qui insieme, e insieme andremo avanti. Non permetteremo che nessuna minaccia ci fermi."

Emma: "Esatto. Abbiamo scoperto troppo per tornare indietro ora. Continueremo a lottare per la verità e per la libertà di tutti."

Gabriel: "Il nostro cammino potrebbe essere difficile, ma siamo pronti ad affrontarlo. E siamo uniti, più forti di qualsiasi minaccia possa venirci incontro."

Il gruppo si guarda intorno, negli occhi di ognuno brilla una fiamma di determinazione e speranza. Non si arrenderanno, continueranno la loro lotta contro l'oppressione e il controllo che affligge la città di Harmony Prime.

Si stringono in un abbraccio, consapevoli che la loro unione è la loro forza. Pronti a continuare il loro viaggio verso la libertà, verso la scoperta della verità nascosta dietro la facciata di perfezione di Harmony Prime.

Capitolo 5: "Le lotte e i sacrifici"

Mentre Sofì si riprende dalla ferita, Beatrix e Julie si ritrovano a condividere un momento intimo. Le loro mani si intrecciano delicatamente, un gesto di conforto e sostegno reciproco. Sanno che il loro legame si sta approfondendo sempre di più, ma anche che devono rimanere forti per il bene del gruppo e della missione che hanno intrapreso.

Beatrix si china leggermente verso Julie, posando un dolce bacio sulla sua guancia. Julie si sente pervasa da una sensazione di calore e felicità, ma è consapevole dei rischi che le circondano e delle decisioni difficili che dovranno prendere.

Nel frattempo, il gruppo si riunisce per discutere delle informazioni cruciali che Samuel ha condiviso e della mappa che potrebbe condurli al luogo nascosto.

Marcus: "Secondo Samuel, la mappa ci guiderà verso un luogo segreto fuori da Harmony Prime, dove si nascondono altri ribelli. Dobbiamo trovarla e raggiungere quel posto per ottenere ulteriori risposte e forse trovare un modo per sconfiggere l'oppressione che ci circonda."

Emma: "Ma dobbiamo essere cauti. Non possiamo permettere che le nostre azioni mettano a repentaglio la nostra sicurezza o quella delle persone che ci hanno aiutato finora."

Gabriel: "Concordo. Dobbiamo pianificare attentamente ogni passo, essere consapevoli delle telecamere, degli allarmi e dei soldati che potrebbero essere ancora presenti nell'edificio. Non possiamo correre rischi inutili."

Beatrix: "E cosa faremo se dovremo affrontare altre insidie lungo il nostro cammino? Dobbiamo essere pronti a sacrificare qualcosa per proteggere le informazioni che abbiamo ottenuto e il nostro obiettivo di libertà."

Julie: "È vero. Sappiamo che il nostro nemico non si fermerà facilmente. Dobbiamo essere pronti a combattere, ma anche a fare scelte difficili. Siamo qui per un motivo, per portare la verità alla luce e liberare le persone dalla manipolazione e dall'oppressione."

Il gruppo annuisce, consapevole che il loro cammino sarà arduo e che dovranno fare sacrifici per raggiungere la loro meta. Si preparano a partire alla ricerca della mappa che li porterà al villaggio, sapendo che ogni passo li avvicina sempre di più alla verità che cercano.

Il gruppo si avventura verso l'interno più profondo dell'edificio abbandonato, determinato a trovare la mappa che Samuel ha accennato. Mentre si muovono con cautela tra i corridoi bui e polverosi, Beatrix, Julie, Gabriel, Marcus, Emma e Sofì mettono insieme i pezzi del puzzle, cercando indizi nascosti tra le stanze deserte.

Beatrix si avvicina a una vecchia scrivania, spolverando via uno strato di polvere con delicatezza. Trova un cassetto nascosto e lo apre con curiosità. All'interno, scopre una pergamena ingiallita con segni criptici.

Beatrix: "Guardate cosa ho trovato! Sembra una sorta di mappa o indizio."

Julie si avvicina, osservando attentamente i simboli sulla pergamena.

Julie: "Potrebbero essere simboli legati alla storia di Harmony Prime. Abbiamo bisogno di più informazioni per decifrare il loro significato."

Gabriel ed Emma si uniscono al gruppo, curiosi di scoprire cosa abbiano trovato.

Emma: "Possiamo cercare nel database delle informazioni che abbiamo ottenuto fino ad ora per cercare corrispondenze. Potrebbe esserci un riferimento a questa mappa o agli indizi che abbiamo trovato."

Gabriel: "In effetti, abbiamo raccolto una quantità considerevole di informazioni sulla storia della città e sulle lotte passate delle coppie che si sono ribellate. Forse riusciremo a trovare un collegamento tra questi documenti e la mappa."

Il gruppo si siede intorno a un tavolo, accendendo un computer portatile per iniziare la ricerca. Mentre digitano freneticamente e analizzano i documenti, scoprono una connessione significativa tra i simboli sulla pergamena e una storia d'amore vietata che è stata annotata nei documenti.

Beatrix: "Guardate, sembra che questi simboli siano correlati a una storia d'amore proibita tra due ribelli. Hanno lasciato indizi sulla loro fuga e su un luogo segreto dove si sono nascosti."

Julie: "Quindi, se seguiamo questi indizi, potremmo trovare il luogo nascosto che Samuel ha menzionato. Dobbiamo essere pronti ad affrontare nuove sfide lungo il nostro cammino."

Mentre discutono la strategia da adottare, Gabriel si avvicina a Emma, prendendole la mano con affetto.

Gabriel: "Siamo più vicini che mai a scoprire la verità e a liberare le persone da questa oppressione. Non sarei qui senza di te, Emma. Sei la mia forza."

Emma sorride dolcemente, stringendo la mano di Gabriel.

Emma: "Siamo in questa missione insieme, Gabriel. La nostra unione è un'ispirazione per me, e so che possiamo superare qualsiasi cosa insieme."

Nel frattempo, Sofi osserva il gesto affettuoso tra Julie e Beatrix, provando un brivido di gelosia. La sua espressione si fa seria mentre contempla i suoi sentimenti nascosti.

Sofi (tra sé): Mi fa male vedere Julie e Beatrix così vicine. Vorrei poter esprimere ciò che provo, ma il momento non è ancora giunto. Dobbiamo concentrarci sulla missione e trovare la verità.

Marcus pensa tra sé che anche lui è sempre più vicino alla sua verità.

Il gruppo si prepara per il prossimo passo della loro ricerca, sapendo che devono essere pronti ad affrontare qualsiasi cosa si trovi lungo il loro cammino. Sanno che i pericoli e i sacrifici fanno parte del loro impegno per la libertà e che il loro amore e la loro solidarietà li sosterranno in ogni momento difficile.

Il gruppo si avventura ancora più in profondità nell'edificio abbandonato, seguito dalle luci tremolanti dei loro fari portatili. Ogni passo che fanno risuona nel silenzio cupo e misterioso dell'edificio, creando un'atmosfera carica di tensione.

Dopo aver consultato i documenti e analizzato attentamente i simboli sulla pergamena, il gruppo arriva a una porta imponente, ornata da motivi intricati e misteriosi. Mentre si avvicinano, percepiscono una strana energia che aleggia intorno a loro.

Beatrix: "Questa porta sembra essere il prossimo passo nel nostro percorso. Dobbiamo prepararci a ciò che potremmo trovare dall'altra parte."

Julie: "Sì, c'è qualcosa di potente e misterioso qui. Possiamo farcela se restiamo uniti."

Gabriel: "Abbiamo affrontato molte sfide insieme finora, e questa non sarà diversa. Abbiamo la forza del nostro amore e della nostra determinazione. Non permetteremo a nessuno di fermarci."

Il gruppo spinge insieme la pesante porta, rivelando una sala ampia e illuminata da una luce tenue proveniente da un lampadario rovinato. Al centro della sala si trova un piedistallo, sul quale riposa una mappa antica e sbiadita.

Marcus: "Finalmente, abbiamo trovato la mappa che cercavamo, che le persone prima di noi hanno nascosto qui e che nessuno ha mai trovato. Possiamo vedere che è stata segnata dagli anni di segretezza, ma i dettagli cruciali sono ancora leggibili."

Sofì, ferita ma determinata, osserva la mappa con un misto di curiosità e preoccupazione. "Sembra che ci conduca verso un luogo fuori dalla città, un villaggio segreto di ribelli. Sarà lì che troveremo le risposte che stiamo cercando."

Beatrix: "È incredibile pensare che ci sia un intero luogo di ribelli che lottano per la libertà. Dobbiamo fare in modo che le loro storie non siano dimenticate e mettere la parola FINE."

Julie: "Sono pronta ad andare avanti. Dobbiamo portare queste informazioni al villaggio segreto e unirci a loro nella lotta per la libertà di tutti."

Gabriel: "Ciò che abbiamo scoperto finora è solo l'inizio. Dobbiamo usare queste informazioni per costruire una strategia che possa portare alla fine di questa tirannia. Il gruppo esce dalla sala, portando con sé la mappa e l'energia della speranza. Si dirigono verso il villaggio segreto, consapevoli che il loro viaggio sta diventando sempre più pericoloso, ma determinati a portare la verità alla luce e a liberare la città dalla sua oppressione."

Con la mappa in mano, il gruppo si avventura fuori dall'edificio abbandonato, pronti ad affrontare il percorso verso il villaggio segreto dei ribelli. Le strade che li circondano sono deserte e avvolte da un'atmosfera di sospetto e pericolo.

Marcus: "Questo è solo l'inizio di un lungo viaggio. Siamo pronti ad affrontare ogni sfida che ci aspetta?"

Gabriel: "Sì, siamo pronti. Sappiamo che il cammino non sarà facile, ma abbiamo imparato a fidarci l'uno dell'altro e a trovare la forza nel nostro scopo comune."

Emma: "Ogni passo che facciamo ci avvicina alla verità e alla libertà. Siamo qui per tutti coloro che sono stati oppressi e per coloro che ancora soffrono sotto il regime."

Sofì, ancora dolorante dalla ferita alla gamba, si appoggia a Julie per sostenersi.

Sofì: "Nonostante le difficoltà che ho affrontato, non avrei mai voluto perdermi questo viaggio. Sono grata di avere voi al mio fianco."

Julie: "Siamo una squadra, Sofì. Non importa cosa ci aspetti, ci prenderemo cura l'uno dell'altro e supereremo ogni ostacolo insieme."

Beatrix, con uno sguardo determinato, guida il gruppo lungo le strade deserte. Ogni tanto, si fermano per studiare attentamente la mappa e orientarsi.

Beatrix: "Questo villaggio segreto sembra essere ben nascosto. Dobbiamo stare attenti e seguire attentamente le indicazioni sulla mappa."

Marcus: "Ricordiamoci che siamo in territorio nemico. Potrebbero esserci trappole e sorveglianza lungo il percorso. Dobbiamo rimanere vigili."

Mentre camminano, il gruppo attraversa un bosco fitto, dove la luce del sole fatica a penetrare tra i rami degli alberi. L'atmosfera si fa ancora più tetra e misteriosa.

Emma: "Questo luogo sembra fuori dal tempo. Come se la natura stessa volesse nascondere il villaggio segreto."

Gabriel: "È qui che si trova la speranza di un futuro migliore. Dobbiamo perseverare e proteggere questa speranza a tutti i costi."

La strada si fa sempre più ripida e accidentata, ma il gruppo non perde mai la determinazione. Ogni passo li avvicina al loro obiettivo.

Julie: "Abbiamo attraversato così tanto insieme. Ogni ostacolo ci ha reso più forti e uniti. Siamo destinati a fare la differenza."

Sofì: "Ho visto cosa siamo capaci di fare quando lavoriamo insieme. Siamo come una famiglia, pronti a sacrificare tutto per la libertà."

Mentre il gruppo si avvicina sempre di più al villaggio segreto, si ritrovano faccia a faccia con un nemico inatteso: un uomo dal volto severo e gli occhi scrutanti, conosciuto come Damon.

Damon: "Siete dei folli a pensare di poter passare di qua illesi. Vi impedirò di procedere oltre."

Il gruppo si prepara al combattimento, mettendo in mostra le abilità acquisite lungo il cammino. Julie e Beatrix, unite nel loro amore e determinazione, si coprono a vicenda, muovendosi con una grazia letale.

Julie: "Non ci fermeremo, Damon. La verità e la libertà trionferanno sempre sul controllo e l'oppressione."

Beatrix: "Hai sottovalutato la nostra determinazione. Siamo pronti a tutto per proteggere ciò in cui crediamo."

Gabriel ed Emma, uniti dall'amore e dalla fiducia reciproca, si muovono come un'unica entità, anticipando i movimenti del nemico e contrattaccando con fermezza.

Gabriel: "Non hai idea di quanti ostacoli abbiamo superato finora. Questo combattimento è solo un altro passo verso la nostra vittoria."

Emma: "Siamo uniti dalla passione per la giustizia. Non permetteremo a nessuno di mettere in pericolo la nostra missione."

Mentre il combattimento infuria, Sofì, ancora gelosa dei sentimenti di Julie verso Beatrix, si lancia con rabbia contro Damon, cercando di dimostrare il suo valore.

Sofì: "Non permetterò che tu distrugga ciò che abbiamo costruito."

Marcus, nel frattempo, affronta Damon con ferocia e determinazione, utilizzando ogni abilità e astuzia a sua disposizione.

Marcus: "Hai scelto il nemico sbagliato. Siamo decisi a rivelare la verità e nulla ci fermerà."

Dopo un intenso scontro, il gruppo riesce a respingere Damon senza infliggere una ferita mortale. A sorpresa, Damon rivela la sua identità.

Damon: "Sono uno dei capi del villaggio segreto. Questa era solo una prova, un test di lealtà e determinazione. Siete degni di conoscere la verità e unirvi alla nostra causa."

Mentre si dirigono verso il villaggio segreto, il gruppo è consapevole che la loro missione è appena all'inizio. Con coraggio e amore, affronteranno ogni sfida, pronti a sacrificare tutto per il bene comune e per svelare la verità che cambierà le sorti del loro mondo.

Capitolo 6: "L'Inizio della Rivelazione"

Con passo sicuro, Damon conduce il gruppo attraverso fitti sentieri e boscaglie, spiegando l'importanza della connessione con la natura e l'attenzione ai dettagli per riuscire a trovare il villaggio segreto. La sua saggezza e la sua familiarità con l'ambiente si manifestano attraverso ogni passo che compiono insieme.

Mentre camminano, i protagonisti si lasciano andare a dialoghi profondi, esplorando le loro paure, le speranze e i desideri per un mondo libero dall'oppressione. Damon, con la sua calma e saggezza, offre consigli preziosi e li incita a rimanere uniti nonostante le avversità.

Beatrix e Julie, ancora sconvolte dalle recenti rivelazioni, si trovano in uno stato di confusione emotiva. Trovano conforto e sostegno l'una nell'altra, mentre esprimono le loro paure e incertezze. La loro connessione diventa ancora più forte, alimentata dalla comprensione reciproca e dalla consapevolezza che il loro amore è un faro di speranza in un mondo oscuro.

Gabriel ed Emma, intrecciati da un amore appena sbocciato, si ritrovano a condividere momenti di intimità e dolcezza lungo il percorso. Si scambiano sguardi compiaciuti e gesti affettuosi, rafforzando il legame che li unisce. In quei momenti, si rendono conto che l'amore è una forza potente che può superare qualsiasi ostacolo.

Sofì, gelosa del legame tra Julie e Beatrix, si confronta con sentimenti contrastanti. Da una parte, si sente felice per le due amiche ma dall'altra, il suo cuore si riempie di gelosia e di desiderio represso. Osserva silenziosamente da lontano, sperando che un giorno possa trovare il coraggio di rivelare i suoi veri sentimenti e la verità.

Marcus, intanto, osserva il gruppo con occhi vigili e una determinazione incrollabile. La lotta contro l'oppressione lo ha forgiato in un guerriero coraggioso e leale. Sente l'urgenza di proteggere i suoi amici e di portare avanti la loro missione, anche se ciò significa mettere a rischio la sua stessa vita.

Attraverso il legame che si è formato tra loro, i protagonisti trovano forza e coraggio per continuare la loro ricerca. Con Damon come guida, si avventurano sempre più profondamente nel cuore della natura, con la speranza di trovare finalmente il villaggio segreto e svelare la verità che cambierà per sempre il loro destino.

Il gruppo si avvicina al fiume, che scorre impetuoso tra le rocce e le foreste circostanti. La corrente è forte e il passaggio sembra rischioso, ma Damon, con la sua conoscenza della natura, suggerisce un percorso sicuro.

Mentre si avvicinano al fiume, Emma si avvicina a Gabriel e gli prende la mano. "Sono felice di avere te al mio fianco in questo viaggio", sussurra dolcemente. Gabriel sorride e stringe la sua mano, sentendosi protetto e amato.

Beatrix e Julie, tenendosi per mano, si scambiano uno sguardo carico di speranza. "Siamo così vicini al villaggio segreto", dice Beatrix. "Riusciremo a trovare le risposte che cerchiamo", risponde Julie con determinazione.

Sofì osserva da lontano la scena, sentendo un pizzico di gelosia nel suo cuore. Desidera ardentemente che sia lei a tenere la mano di Julie, ma si rende conto che deve fare i conti con i suoi sentimenti e trovare il coraggio di esprimerli.

Marcus, sempre in prima linea per proteggere il gruppo, si avvicina a Damon. "Hai la nostra gratitudine per la tua guida in questo viaggio", dice con sincerità. Damon annuisce con gratitudine e risponde: "La lotta per la libertà è una missione condivisa, e sono felice di potervi aiutare."

Con cautela, il gruppo si prepara ad attraversare il fiume. Damon conduce il cammino, indicando i punti in cui la corrente è più debole e le rocce offrono stabilità. Uno dopo l'altro, si immergono nell'acqua fredda, affrontando la sfida con coraggio e determinazione.

Mentre si spostano attraverso il fiume, le emozioni sono palpabili nell'aria. L'acqua che scorre intorno a loro sembra simboleggiare la loro volontà di superare gli ostacoli e abbracciare il cambiamento. I protagonisti si guardano negli occhi, condividendo silenziosamente un senso di unità e fiducia reciproca.

Damon, in testa al gruppo, guarda indietro e sorride. "Siete tutti coraggiosi e determinati", dice con orgoglio. "Il villaggio segreto vi accoglierà a braccia aperte."

Finalmente, raggiungono l'altra sponda del fiume e si ritrovano su una riva lussureggiante. Lì, davanti a loro, si erge un sentiero che li conduce direttamente al villaggio segreto. Il cuore dei protagonisti palpita di eccitazione e ansia per ciò che li attende.

Mentre si incamminano lungo il sentiero, le parole di Damon risuonano nelle loro menti: "Il villaggio segreto custodisce la verità e la speranza che avete cercato per così tanto tempo. Siate pronti a rivelare ciò che è nascosto e ad abbracciare il cambiamento che porterà."

Il gruppo procede insieme, consapevole che il loro destino è strettamente intrecciato e che solo unendo le loro forze potranno raggiungere la verità che tanto cercano. Con ogni passo, si avvicinano sempre di più al villaggio segreto e a ciò che il futuro ha in serbo per loro.

Il sole sta calando lentamente all'orizzonte e il gruppo decide di fermarsi vicino a una vecchia casa abbandonata lungo il sentiero. Le pareti scrostate e le finestre rotte raccontano una storia di un tempo passato, mentre il silenzio avvolge l'aria circostante.

Julie si avvicina a Beatrix e accarezza dolcemente il suo viso. "Abbiamo fatto un lungo viaggio finora", dice con affetto. "Sei coraggiosa e determinata, e sono così grata di averti al mio fianco." Beatrix sorride, prendendo la mano di Julie. "Anche tu sei una fonte di forza per me", risponde. "Insieme possiamo superare qualsiasi cosa."

Marcus si avvicina al fuoco che hanno acceso nel camino della casa abbandonata e stende una coperta sul pavimento per creare un luogo dove riposare. "Dobbiamo prendere le forze per affrontare ciò che ci aspetta nel villaggio segreto", dice, guardando gli altri membri del gruppo. "Ma per ora, prendiamoci un momento di riposo e nutrimento."

Mentre si siedono attorno al fuoco, Emma si avvicina a Gabriel e gli porge un pezzo di pane. "Hai affrontato così tante sfide con coraggio", dice con ammirazione. "Sono orgogliosa di te e di quanto siamo diventati forti insieme." Gabriel accoglie il pane con gratitudine e sorride. "Siamo una squadra, Emma, e non esiste sfida che non possiamo superare quando siamo uniti."

Sofi, seduta in disparte, osserva il dolce scambio tra Julie e Beatrix e prova un pizzico di gelosia nel suo cuore.

Tenta di nasconderlo, ma i suoi sguardi occasionali verso Julie rivelano una lotta interna. Sente un desiderio inespresso che vorrebbe condividere con Julie, ma sa che il momento non è ancora giunto.

Il gruppo si ristora con il cibo che hanno portato con sé, condividendo racconti e speranze per il futuro. Discutono delle informazioni che hanno ottenuto finora e di come utilizzeranno le loro conoscenze nel villaggio segreto.

Damon si unisce a loro intorno al fuoco, portando con sé una borsa di erbe e medicinali. "Siamo arrivati lontano, ma la strada verso la verità è ancora lunga", dice, offrendo una tazza di tè a Marcus. "Il villaggio segreto è un luogo di conoscenza e risorse, ma richiede anche saggezza e determinazione."

Damon racconta storie di antiche tradizioni e della lotta dei ribelli contro l'oppressione. Il gruppo ascolta con attenzione, assorbendo ogni parola come un prezioso tesoro di conoscenza.

Mentre la notte avanza, il fuoco brucia lentamente, offrendo un riflesso caldo e rassicurante nel buio circostante. Il gruppo si prepara a riposare, sapendo che il domani li porterà ancora più vicini alla verità che cercano.

In silenzio, si avvicinano gli uni agli altri, abbracciandosi e confortandosi reciprocamente. Anche se il futuro è incerto, sanno che la loro unità e il loro amore li sosterranno in ogni passo successivo del loro viaggio verso la libertà e la verità.

Julie si sveglia nel cuore della notte, intrappolata da un'aura di luce argentata che filtra dalle crepe delle vecchie persiane della casa abbandonata. I raggi della luna piena sembrano chiamarla, spingendola ad uscire e ad immergersi nella magia notturna.

Silenziosamente, Julie si alza dal suo posto e si avventura all'esterno, lasciandosi avvolgere dalla morbida brezza notturna. Mentre il suo sguardo si perde nell'infinito cielo stellato, una calda mano si posa delicatamente sulla sua spalla.

"Anche tu sei attratta dalla bellezza della notte", dice Beatrix dolcemente, avvicinandosi a Julie. Le loro mani si intrecciano e il calore dell'amore si diffonde tra di loro come un fuoco che arde incontenibile.

Julie sorride, guardando negli occhi di Beatrix. "La luna piena ha sempre esercitato un fascino su di me", confessa. "Mi fa sentire connessa con qualcosa di più grande, qualcosa che va oltre la nostra lotta e ci ricorda che esiste ancora un mondo di meraviglie da scoprire."

Beatrix annuisce, stringendo ancora di più la mano di Julie. "Anche io sento questa connessione, questa consapevolezza che ci sono forze che vanno oltre la nostra comprensione", dice. "Ma ciò che so per certo è che, insieme, possiamo affrontare qualsiasi cosa. Siamo più forti unite."

Le loro parole risuonano nell'aria, come una promessa intima e potente. Si avvicinano lentamente, lasciando che i loro sguardi si intreccino in un abbraccio silenzioso. Poi, con una delicatezza senza tempo, le loro labbra si incontrano in un bacio dolce e appassionato.

In quel momento, il mondo si dissolve intorno a loro e sono solo loro due, immerse nella potenza dell'amore che le avvolge. Tutto il resto svanisce mentre si abbandonano alla passione e all'intimità, danzando tra le stelle e i sussurri del vento notturno.

Il loro amore è un riflesso della loro forza interiore, una dimostrazione del coraggio di cercare la verità e la libertà. In quel momento magico, Julie e Beatrix si uniscono in un modo profondo e completo, fondendo le loro anime e i loro desideri in un'unica armonia.

E così, nella tranquillità della notte e sotto il cielo stellato, Julie e Beatrix si donano l'un l'altra in un atto di amore puro e appassionato, suggellando il loro legame e rafforzando la loro determinazione a lottare per la verità e la libertà che tanto desiderano.

In quel momento, il tempo sembra fermarsi, lasciando spazio solo per il loro amore e la promessa di un futuro in cui la verità trionferà e la libertà sarà conquistata.

Quando, finalmente, si ritrovano nel calore dei loro abbracci, il mondo intorno a loro sembra brillare di una nuova speranza. Si guardano negli occhi, sorridendo, sapendo che la loro unione è un faro di luce e forza che le guiderà attraverso ogni sfida che li aspetta.

Mentre Julie e Beatrix si abbandonano all'amore e all'intimità sotto il cielo stellato, un'ombra silenziosa si staglia nell'oscurità. Sofì, che aveva seguito la scena, fuori dalla casa abbandonata, assiste all'incontro tra le due.

Sofì resta immobile, nascosta nell'ombra, mentre osserva il bacio appassionato e l'amore travolgente che si manifesta tra Julie e Beatrix. Il suo cuore si riempie di una miscela di emozioni contrastanti: gelosia, desiderio e un senso di tradimento.

Tutti i dubbi e le incertezze che Sofì aveva custodito dentro di sé sembrano emergere in quel momento. Si sente sopraffatta dal sentimento di essere stata messa da parte, di non poter competere con l'intensità dell'amore che Julie e Beatrix provano l'una per l'altra.

Mentre le lacrime affiorano nei suoi occhi, Sofì si rende conto che deve affrontare la realtà dei suoi sentimenti. Sente una profonda attrazione per Julie, una connessione che va oltre l'amicizia, ma non ha mai avuto il coraggio di rivelarla in tutti questi anni che l'ha osservata e ogni tanto incontrata in palestra, come poteva spiegarle che la stava studiando su ordine? E ora, quella verità viene amplificata dal bacio che ha appena visto.

Lei vorrebbe gridare, fuggire o far sparire quei sentimenti contraddittori. Ma sa che non può. Si chiede se sia possibile trovare un posto per sé stessa in questa complessa dinamica di amore e amicizia.

Sofì sa che deve affrontare le sue emozioni e trovare il coraggio di parlare con Julie, ma per il momento decide di ritirarsi nell'ombra, lasciandole godere del loro amore senza interferenze.

Sofì si allontana dalla scena dell'amore che ha appena osservato, portando con sé un carico di sentimenti complicati, ma anche la determinazione di trovare il suo posto in questa storia e nel gruppo di amici che tanto ama. Intanto Gabriel che sa tutto, la osserva e prova dolore per lei.

Capitolo 7: "Il Cammino Verso il Villaggio Segreto"

Dopo una notte di riposo e riflessione, i nostri protagonisti si svegliano con il primo bagliore del sole che filtra attraverso le finestre della casa abbandonata. Sanno che è giunto il momento di riprendere il loro viaggio verso il villaggio segreto, dove sperano di trovare le risposte che cercano.

Con il cuore ancora pieno delle emozioni della notte precedente, Julie, Beatrix, Sofì e gli altri si preparano per la lunga giornata di cammino che li attende. Hanno ancora molta strada da percorrere, ma sono determinati a raggiungere il loro obiettivo.

Il sole sorge alto nel cielo, gettando una luce dorata sul sentiero che si estende di fronte a loro. I protagonisti si muovono con passo deciso, affrontando le sfide che si presentano lungo il percorso. Ogni passo li avvicina sempre di più alla verità che si cela nel villaggio segreto.

Mentre camminano, i dialoghi tra di loro si fanno più profondi e significativi. Discutono di ciò che hanno scoperto finora, riflettono sulle loro emozioni e si incoraggiano a vicenda a continuare. Nonostante le tensioni e le sfide che hanno affrontato, il loro legame si rafforza, alimentato dalla fiducia reciproca e dalla determinazione di lottare per la verità.

Gabriel ed Emma camminano fianco a fianco, lasciando trasparire il loro amore attraverso sguardi intensi e dolci gesti di affetto. Si sostengono a vicenda nei momenti di stanchezza e trovano conforto nella presenza dell'altro. La loro connessione si rafforza con ogni passo che compiono insieme.

Julie e Beatrix, nonostante le complessità dei loro sentimenti, cercano di riprendere la normalità tra di loro. Si scambiano sguardi carichi di significato e si prendono cura l'una dell'altra lungo il cammino. Le loro parole sono intrise di comprensione e affetto, mentre si sforzano di mantenere l'equilibrio tra il loro amore e la dinamica del gruppo.

Sofì, nel frattempo, cerca di superare la gelosia che ha provato, concentrandosi sulla sua ricerca interiore. Riesce a trovare la forza di confrontarsi con Julie e Beatrix, cercando di capire il suo ruolo in tutto ciò.

Mentre continua il suo percorso di auto esplorazione, spera di trovare un modo per riconciliare i suoi sentimenti contrastanti e accettare l'amore che prova per Julie.

Il sole brilla alto nel cielo mentre il gruppo si avvicina sempre di più al villaggio segreto. Possono percepire l'energia e l'emozione nell'aria, mentre si preparano ad affrontare ciò che li aspetta. Ognuno di loro si sente pronto a lottare per la verità e per la libertà che tanto desiderano.

Con passo sicuro e cuori colmi di speranza, i nostri protagonisti si avventurano nel villaggio segreto, pronti ad affrontare le rivelazioni e le sfide che li attendono. Il loro cammino verso la verità è stato lungo e tortuoso, ma la luce del sole brilla sul loro percorso, offrendo loro la forza per continuare a lottare per ciò in cui credono. Il bosco che si estende di fronte ai nostri protagonisti è avvolto in un'atmosfera mistica e silenziosa. Gli alberi secolari si ergono maestosi, formando un baldacchino di foglie che filtra la luce solare, creando un'ambientazione suggestiva. Le foglie scricchiolano sotto i loro piedi mentre avanzano con cautela lungo il sentiero.

I raggi del sole si infiltrano tra le fronde degli alberi, creando giochi di luce e ombra sul terreno tappezzato di foglie cadute. Il suono del cinguettio degli uccelli e il fruscio delle foglie portano una sensazione di serenità nel cuore dei nostri protagonisti, alleviando temporaneamente la tensione accumulata nel corso del viaggio.

Mentre avanzano, si sforzano di seguire la traccia indicata dalla mappa che hanno trovato. Le indicazioni sono criptiche, ma seguendo il loro istinto e le conoscenze acquisite, riescono a orientarsi tra gli alberi secolari e i ruscelli che attraversano il bosco. Ogni passo li avvicina sempre di più al villaggio segreto, un luogo che potrebbe contenere le risposte tanto attese.

I dialoghi tra di loro si fanno sussurrati e carichi di aspettative. Discutono delle loro speranze, delle paure che li assillano e delle scoperte che hanno fatto lungo il cammino. Le parole si mescolano all'odore della terra umida e al fruscio delle foglie, creando un'atmosfera di intimità e connessione profonda.

Dopo un'ora di cammino, finalmente il bosco si apre su una radura. I protagonisti rimangono senza parole di fronte alla vista che si staglia davanti a loro. Il villaggio segreto si erge con le sue case di pietra antiche e tetti di paglia. Un senso di speranza e meraviglia pervade l'aria, mentre i nostri protagonisti si avvicinano alla loro meta.

Con cuori palpitanti e sorrisi di gioia, varcano l'ingresso del villaggio segreto. Sono accolti da sguardi curiosi e sorrisi calorosi, dai ribelli che hanno lottato per la libertà e la verità. In quel momento, sentono di essere finalmente arrivati a casa, un luogo dove potranno trovare le risposte che cercano e unirsi alla lotta per il cambiamento.

La luce del sole avvolge il villaggio segreto, illuminando le vie acciottolate e i volti coraggiosi dei suoi abitanti. È un nuovo inizio per i nostri protagonisti, un momento di speranza e possibilità. Ognuno di loro si prepara ad affrontare ciò che li aspetta, consapevoli che la loro ricerca di verità e libertà è appena iniziata.

Con il cuore colmo di gratitudine e determinazione, i nostri protagonisti si immergono nel villaggio segreto, pronti a svelare i segreti che custodiscono e a unirsi alla lotta che si scaglia contro l'oppressione.

Il viaggio li ha forgiati, li ha resi più forti e determinati che mai. Ora è giunto il momento di mettere in pratica tutto ciò che hanno imparato e di dare inizio a una nuova fase della loro avventura verso la libertà.

I protagonisti erano finalmente arrivati al Villaggio Segreto, un luogo avvolto dal mistero e inaccessibile agli occhi indiscreti. Mentre si avvicinavano, potevano sentire il brusio della vita che pulsava in quel luogo appartato. Il villaggio si estendeva tra rigogliosi boschi e tranquille radure, un'oasi di speranza e libertà per coloro che avevano osato sfidare l'oppressione di Harmony Prime.

Appena varcarono l'ingresso del villaggio, furono accolti da un mare di volti sconosciuti ma amichevoli. Uomini, donne e bambini sorrisero loro calorosamente, riconoscendo i loro sforzi per arrivare fin lì. Si abbracciarono e si congratularono per il coraggio dimostrato nel cercare la verità e la libertà.

Mentre esploravano il villaggio, i protagonisti rimasero affascinati dalla bellezza semplice e autentica di quel luogo. Le case erano costruite con materiali naturali, i giardini fioriti e curati con amore. Ogni angolo emanava un senso di comunità e solidarietà. Era evidente che la gente del villaggio viveva in armonia con la natura e tra di loro.

Mentre passeggiavano, i protagonisti si misero a conversare con gli abitanti. Ascoltarono le loro storie di lotta e di rinascita, di amore proibito e di speranza. Ogni persona aveva una storia unica da raccontare, un passato segnato dalla soppressione ma anche dalla resilienza e dalla determinazione di trovare la felicità.

In un'accogliente locanda, i protagonisti si sedettero attorno a un tavolo circondato da altri abitanti del villaggio. Le chiacchiere animavano l'ambiente mentre gustavano del cibo preparato con amore. Tra sorrisi e sguardi compiaciuti, i dialoghi profondi e significativi si susseguivano.

"È incredibile come la lotta per l'amore vietato possa unire persone provenienti da luoghi diversi", commentò Gabriel, guardando intorno con gratitudine. "Qui abbiamo trovato un rifugio sicuro dove la nostra verità è accolta e valorizzata."

Emma annuì con un sorriso. "Questo villaggio è una testimonianza vivente che l'amore non può essere imprigionato o soppresso. Ha il potere di superare ogni ostacolo, di creare connessioni profonde e di nutrire l'anima."

Julie, afferrando la mano di Beatrix, sorrise dolcemente. "Grazie a tutti voi, ora sappiamo di non essere soli. Abbiamo trovato una famiglia qui, una famiglia di cuori liberi che ha affrontato lotte simili alle nostre. Insieme, possiamo continuare a combattere per la nostra libertà e per un amore che non conosce confini."

Sofì, che osservava tutto da lontano, sentì una fitta di gelosia nel suo cuore. Guardò Julie e Beatrix, desiderando di poter condividere un amore così profondo. Ma si promise a sé stessa di trovare il coraggio di affrontare i suoi sentimenti e di cercare la sua felicità.

Mentre la serata proseguiva, il Villaggio Segreto si rivelò un luogo di magia e speranza. Era un rifugio per coloro che osavano amare contro le convenzioni, un luogo dove i sogni potevano fiorire e le verità nascoste potevano finalmente essere svelate.

Il Villaggio Segreto aveva donato loro nuove forze e un senso di appartenenza. Ora, erano pronti a lottare ancora più fieramente per la libertà e per un amore che avrebbe sfidato il tempo stesso.

Nel cuore del Villaggio Segreto, i protagonisti si trovavano immersi in un'atmosfera di energia vibrante e di speranza. Ogni giorno, c'erano nuove scoperte da fare, nuove connessioni da stabilire e nuove sfide da affrontare. Il villaggio pulsava di vita e di determinazione, alimentato dalla forza di coloro che vi abitavano.

Marcus si unì a un gruppo di ribelli locali per addestrarsi alle tecniche di combattimento e per condividere le loro esperienze. Con ogni giorno che passava, la sua abilità cresceva e la sua fiducia si rafforzava. Era grato per l'accoglienza e l'opportunità di unirsi alla causa della liberazione.

Emma trascorreva il suo tempo nel villaggio ad apprendere le antiche pratiche di guarigione e a condividere le sue conoscenze con gli abitanti. Era affascinata dalle erbe medicinali e dalle tecniche di guarigione tradizionali che caratterizzavano la cultura del villaggio. Mentre curava le ferite e leniva il dolore, sentiva che il suo scopo nel villaggio stava prendendo forma.

Gabriel, con il suo spirito curioso e la sua passione per la conoscenza, si immerse nella biblioteca del villaggio. Studiava antichi testi e manoscritti che raccontavano storie di amori proibiti e rivoluzioni passate. Le parole scritte gli aprirono nuovi orizzonti e gli mostrarono la profondità del loro impegno nella lotta per la libertà.

Julie e Beatrix, inseparabili come sempre, trascorrevano il loro tempo ad aiutare la comunità in ogni modo possibile. Si prendevano cura dei bambini, organizzavano eventi per rafforzare il senso di unità e supportavano coloro che ancora lottavano per affrontare le sfide del passato. Nel loro amore reciproco, trovavano la forza per affrontare qualsiasi ostacolo.

Sofì, nel frattempo, cercava di gestire i suoi sentimenti contrastanti. Vedere l'amore tra Julie e Beatrix le ricordava ciò che desiderava ardentemente ma che ancora non poteva confessare. Attraverso le sfide che affrontavano insieme, la gelosia si trasformava in determinazione. Si impegnò a trovare il coraggio di seguire il suo cuore e di cercare la sua felicità, qualunque essa fosse.

Le notti nel villaggio erano riempite da canti, balli e storie intrecciate. Gli abitanti si riunivano attorno a fuochi danzanti, condividendo il calore della loro compagnia e l'entusiasmo per la lotta comune. Era un'atmosfera di celebrazione e di unità, un riflesso della loro determinazione nel preservare la verità e il diritto all'amore.

Mentre i protagonisti si immergevano nel Villaggio Segreto, sapevano che la loro missione non era ancora completa. Le sfide li aspettavano ancora lungo la strada, ma ora avevano una comunità che li sosteneva, una comunità che condivideva la loro sete di giustizia e di libertà.

Il Villaggio Segreto rappresentava una luce di speranza in un mondo dominato dall'oppressione e dalle convenzioni. Era un luogo dove l'amore e la verità potevano fiorire indisturbati. Con rinnovato coraggio e determinazione, i protagonisti si preparavano ad affrontare ciò che li aspettava, ma non erano consapevoli che il loro destino era intrecciato con alcuni abitanti del Villaggio Segreto.

Il sole sorse sul Villaggio Segreto, portando con sé una nuova giornata di avventure e scoperte per i nostri protagonisti. Decisi a continuare la loro ricerca di verità e di alleati, si mossero con determinazione tra le strade del villaggio.

Mentre esploravano le vie animate, i loro occhi catturarono l'attenzione di due figure misteriose. Alexander, un ragazzo imponente con uno sguardo penetrante capelli castani e occhi color castano/gialli di 23 anni.

E Siria una donna dalla grazia e dalla forza di una spadaccina. Capelli neri e occhi verdi. La donna emanava un'aura di mistero, con la sua spada scintillante al fianco, mentre l'uomo trasmetteva un senso di saggezza e di esperienza.

Attratta dalla donna dallo sguardo ardente, Sofì si avvicinò cautamente. I loro occhi si incrociarono, e Sofì avvertì un'intesa immediata tra loro, come se si fossero conosciute in un'altra vita.

Nel frattempo, Marcus si avvicinò all'uomo, di nome Alexander. Fu sorpreso da quanto si assomigliassero. Alexander, con la sua presenza tranquilla e le parole sagge, stimolò la curiosità di Marcus. Si aprì a lui su una vita di avventure e di lotte fin da bambino, e Marcus si sentì attratto da questa figura enigmatica che sembrava conoscere molto di più di quello che rivelava.

Mentre i quattro si scambiavano racconti e si conoscevano meglio, il gruppo capì che Siria e Alexander avevano una conoscenza approfondita del Villaggio Segreto e sapevano dagli abitanti e delle sfide che i protagonisti avevano affrontato. Erano disposti ad aiutarli nel loro viaggio, a condividere la loro esperienza e a lottare per la causa dell'amore proibito.

L'alleanza tra i protagonisti e i nuovi alleati si rafforzò rapidamente. Siria divenne un punto di riferimento per Sofi, insegnandole le arti della spada e condividendo con lei le sue esperienze di lotta contro l'oppressione. C'era una connessione profonda tra di loro, una comprensione reciproca che superava le parole, una nuova amicizia profonda stava nascendo.

Nel frattempo, Alexander nonostante la giovane età si rivelò un mentore per Marcus. Lo guidava attraverso il passato del Villaggio Segreto, condividendo racconti di ribellione e speranza. Marcus trovò ispirazione nella sua saggezza e si sentì incoraggiato a portare avanti la lotta per la verità e la libertà.

Mentre il gruppo si muoveva tra i vicoli del Villaggio Segreto, la presenza di Siria e Alexander suscitava curiosità e rispetto tra gli abitanti, era bello vederli tutti assieme. Le loro abilità e la loro determinazione facevano eco a quelle dei protagonisti, e il villaggio vedeva in loro una nuova speranza.

Ogni passo avanti nel villaggio li avrebbe avvicinati sempre di più alla verità, rivelando antichi segreti e collegamenti nascosti. Con Siria e Alexander al loro fianco, i protagonisti erano pronti ad affrontare qualsiasi sfida si presentasse lungo il loro cammino, sapendo che insieme avrebbero potuto superarla e portare la luce della verità nel mondo oscuro dell'oppressione.

Capitolo 8: "Alla Ricerca del Cuore Perduto"

Il sole splendeva alto nel cielo del Villaggio era l'ora di pranzo, quando il gruppo si trovò di fronte a una figura imponente, era il capo del villaggio. Una donna di circa 55 anni, maestosa e determinata. I suoi occhi riflettevano saggezza e il suo sorriso emanava calore e accoglienza. Aveva appena fatto ritorno da una missione cruciale e ora desiderava conoscere i nuovi arrivati.

La donna si chiamava Hope e aveva una lunga storia di resistenza e lotta contro l'oppressione. Il suo coraggio e la sua determinazione avevano ispirato molti nel villaggio, e ora il suo sguardo si posava sui protagonisti con un misto di curiosità e speranza.

Con passo sicuro, Hope si avvicinò al gruppo e li accolse con calore. "Benvenuti, eroi della libertà", disse con voce decisa. "Sono felice che siate arrivati qui sani e salvi. Ho sentito parlare delle vostre avventure e delle vostre imprese. Siete un raggio di speranza in tempi oscuri, era da tanto tempo che più nessuno si univa al villaggio."

I protagonisti si sentirono onorati dall'accoglienza di Hope. Si sedettero in un cerchio, pronti a condividere le loro storie e le loro speranze con il capo del villaggio. Hope ascoltò attentamente, incrociando lo sguardo di ognuno di loro mentre parlavano.

"La vostra presenza qui è di vitale importanza per la nostra causa", disse Hope con voce vibrante. "Siete portatori di verità e di amore, armi potenti contro l'oppressione. Ma la strada che vi attende è ancora lunga e piena di ostacoli. Dovrete affrontare verità che metteranno alla prova la vostra lealtà e la vostra determinazione."

I protagonisti si guardarono l'un l'altro, consapevoli che il loro viaggio non era ancora finito. Ma sentirono anche una nuova energia crescere dentro di loro, alimentata dal sostegno del capo del villaggio.

Hope li guidò attraverso le strade del villaggio, presentandoli ad altri ribelli e alleati che avevano scelto di combattere per l'amore e la libertà, erano ritornati con lei dalla missione. Ogni incontro era un incontro di anime affini, di cuori che bruciavano per la stessa causa. Si scambiarono sorrisi tra una pietanza e un'altra, storie, esperienze e strategie, stringendo legami che andavano al di là delle parole.

Mentre il sole calava sull'orizzonte, il gruppo si ritrovò al centro del villaggio, circondato da luci e voci allegre. Si sentirono finalmente a casa, circondati da persone che li capivano e li sostenevano. Avevano trovato un luogo di accoglienza e di forza.

Hope si rivolse al gruppo con calma e determinazione. "Il nostro cammino non è ancora completo", disse. "Ma qui, nel Villaggio Segreto, troveremo la forza e la saggezza necessarie per affrontare ogni sfida. Siamo uniti nella lotta per l'amore e la libertà. Insieme, possiamo svelare la verità e costruire un mondo migliore." Ora vi auguro la mia buona notte più sincera.

I protagonisti si guardarono negli occhi, rafforzati dal legame che si era creato tra di loro e con i nuovi alleati. Sapendo che il loro destino era intrecciato a quello del villaggio per un Mondo migliore.

Il manto della notte avvolgeva il Villaggio Segreto, e una leggera brezza faceva danzare le foglie degli alberi. Julie e Beatrix, attratte dalla magia del momento, decisero di fare una corsa fino al fiume che scorreva vicino al villaggio.

Una volta raggiunto il fiume, Julie e Beatrix si sedettero sulla riva, ammirando il riflesso delle stelle sull'acqua. La luce delle lucciole che danzavano intorno a loro aggiungeva un tocco di incanto alla scena, il cielo era stellato e senza nuvole era un luogo di pace e magia, lontano dalle restrizioni di Harmony Prime dove non si vedeva neanche più una stella.

"Hope è una donna incredibile", disse Julie, i suoi occhi brillanti di ammirazione. "Ha dedicato la sua vita alla lotta per l'amore e la libertà. Spero solo di poter essere all'altezza delle sue aspettative."

Beatrix prese la mano di Julie nella sua, stringendola con delicatezza. "Tu sei straordinaria, Julie. Non hai bisogno di dimostrare niente a nessuno. Siamo qui insieme e il nostro amore è la nostra forza, possiamo affrontare qualsiasi cosa."

Julie sorrise, sentendosi rincuorata dalle parole di Beatrix. Insieme, si lasciarono trasportare dal momento magico. Si immersero nell'acqua fresca del fiume, risate di gioia echeggiavano nella notte. Le lucciole danzavano intorno a loro, creando una scia di luce incantata, anche le stelle punteggiavano il cielo notturno, Julie e Beatrix si abbracciarono teneramente, le loro labbra si incontrarono in un bacio dolce e appassionato, unendo i loro desideri e le loro anime.

Nell'acqua che le circondava, le loro carezze diventarono più intense, gli sguardi ardenti di desiderio. Si unirono in un amore che era tanto dolce quanto selvaggio, un amore che bruciava come una fiamma nel cuore della notte.

L'unione dei loro corpi era un canto di passione e di intimità, un'esplosione di sensazioni che le portava oltre il tempo e lo spazio. Si unirono in un'armonia perfetta, i loro movimenti sincronizzati come le stelle che danzavano sopra di loro.

Nel momento dell'estasi, Julie e Beatrix sentirono l'unione dei loro cuori e delle loro anime, un legame indissolubile che avrebbe superato qualsiasi prova.

Si lasciarono trasportare dall'emozione e dalla felicità, sapendo di aver trovato l'amore e la libertà che tanto desideravano.

Julie e Beatrix, ancora avvolte dal calore dell'amore appena condiviso, si distesero sulla riva del fiume, si guardarono negli occhi, ancora rapite dall'intensità del momento che avevano appena vissuto.

"Beatrix, non avrei mai potuto immaginare un momento più perfetto di questo", sussurrò Julie, accarezzando dolcemente il suo viso. "Ero sempre stata spaventata dallo svelare la mia vera natura e dal permettermi di amare senza riserve. Ma con te... con te tutto è diverso."

Beatrix sorrise, i suoi occhi brillanti di amore e gratitudine. "Julie, tu mi hai mostrato la bellezza di essere sé stessi senza paura. Con te, ho imparato che l'amore non conosce confini e che la nostra felicità è sacra. Siamo entrambe doni l'una per l'altra."

"Guarda il cielo, Beatrix", disse Julie, indicando l'infinità delle stelle. "Mi sembra di vedere riflessa l'immensità del nostro amore. Come se le stelle fossero i testimoni silenziosi della nostra unione."

Beatrix prese la mano di Julie nella sua, stringendola con affetto. "Sì, Julie. Ogni stella che brilla lassù rappresenta un desiderio che abbiamo realizzato, una paura che abbiamo superato insieme. Il nostro amore è così forte che può illuminare anche la notte più buia."

"Mentre guardo le stelle, penso anche a quanto sia stato difficile per noi arrivare fin qui", disse Julie con voce sommessa. "Ma ora siamo nel Villaggio Segreto, circondate da persone che condividono il nostro stesso desiderio di libertà e amore e far luce su tutto questo."

Beatrix annuì, il suo sguardo colmo di determinazione. "Abbiamo un compito importante davanti a noi, Julie. Dobbiamo scoprire la verità e unire le forze con gli abitanti del villaggio per combattere l'oppressione che ancora persiste. Siamo pronte per affrontare qualsiasi sfida insieme e anche i nostri genitori da lassù, fanno il tifo per noi, ne sono sicura."

Le due ragazze si abbracciarono strette, sentendo il battito dei loro cuori in sintonia. L'amore che provavano l'una per l'altra era la loro forza, la luce che illuminava il cammino verso la verità. Con il cielo stellato come testimone, si addormentarono.

Intanto poco più in là nel silenzio del bosco, Emma e Gabriel si erano allontanati dal villaggio, in cerca di un momento di intimità e tranquillità. I raggi argentei della luna filtravano tra le fronde degli alberi, creando un'atmosfera suggestiva e romantica.

Emma si avvicinò a Gabriel, il suo sguardo colmo di desiderio e amore. "Gabriel, ogni volta che ti guardo, il mio cuore si riempie di una dolcezza indescrivibile. Non riesco a immaginare la mia vita senza di te."

Gabriel le prese il viso tra le mani, perdendosi nello sguardo profondo di Emma. "Anche io provo lo stesso, Emma. Sei la luce che illumina il mio cammino, la mia ragione di essere. Non potrei desiderare niente di più di questo momento con te."

Si abbracciarono, avvolti da un amore che andava oltre le parole. Pian piano, i loro baci si fecero più intensi e appassionati, le loro mani si muovevano dolcemente lungo i corpi dell'altro. Era un'esplosione di desiderio e amore, un modo per esprimere la profondità dei sentimenti che provavano l'uno per l'altra.

Le foglie del bosco frusciavano dolcemente mentre i loro corpi si univano in un abbraccio passionale. Era come se il tempo si fermasse, lasciando loro tutto lo spazio per esplorarsi e perdersi l'uno nell'altro. Ogni carezza, ogni sussurro, era un modo per comunicare l'amore che bruciava dentro di loro.

"Gabriel, non smettere mai di amarmi", sussurrò Emma tra un bacio e l'altro. "Voglio essere tua per sempre, in ogni istante della mia vita."

Gabriel le sfiorò le labbra con delicatezza, la sua voce carica di emozione. "Emma, non c'è niente al mondo che desideri di più di essere al tuo fianco. Il nostro amore è eterno, e insieme supereremo ogni ostacolo che ci si presenterà."

Mentre i loro corpi si muovevano all'unisono, il bosco sembrava vibrare di energia e passione. Era un momento di completa fusione, unione di anime e di cuori che si amavano profondamente.

Dopo aver raggiunto l'apice del piacere, si avvicinarono ancora di più, abbracciandosi strettamente. I loro respiri affannati si mescolavano all'aria notturna, mentre si lasciavano cullare dall'emozione del momento.

Rimanendo avvolti dalla dolcezza dell'amore, si sdraiarono sul morbido tappeto di foglie, osservando il cielo stellato che si stagliava sopra di loro. In quel momento, Emma e Gabriel sapevano che non c'erano confini al loro amore. Insieme, avrebbero affrontato il futuro con coraggio e determinazione, consapevoli che la forza del loro legame li avrebbe sostenuti in ogni avventura che li attendeva.

Anche Sofì era ancora sveglia e camminava con passo silenzioso attraverso il bosco, in cerca di un momento di tranquillità e riflessione. Mentre si avvicinava al fiume, uno spettacolo inaspettato catturò la sua attenzione. Julie e Beatrix erano sdraiate sul terreno, avvolte l'una tra le braccia dell'altra, dormendo serenamente.

Sofì provò un misto di sentimenti contrastanti nel vedere quella scena. L'abbraccio affettuoso tra le due ragazze suscitò in lei un senso di gelosia, un pizzico di invidia che cercò di sopprimere senza riuscirci, le faceva troppo male, lei conosceva Julie da molto più tempo di Beatrix. Mentre osservava Julie, addormentata con il volto rivolto verso di lei, un'onda di emozione la travolse.

Lentamente, Sofì si avvicinò al viso di Julie, osservando i suoi lineamenti sereni e il respiro regolare. Il suo desiderio di sentire la sua pelle, di assaporare le sue labbra, era irresistibile. Si chinò leggermente e, con un movimento rapido accarezzò Julie, la guardò per alcuni minuti e quella carezza non era abbastanza voleva baciarla e allora posò un delicato bacio lungo qualche secondo sulle labbra, senza svegliarla. Erano così morbide e sapevano ancora di fragole che mangiò prima.

Un brivido attraversò il corpo di Sofì nel momento in cui i loro due mondi si toccarono, anche se solo per un attimo fugace. Era un gesto intimo, carico di un desiderio nascosto, ma al contempo misto da una profonda confusione.

Sofi si allontanò rapidamente, cercando di nascondere le emozioni che turbavano il suo cuore. Si sentiva colpevole per aver compiuto quel gesto, come se avesse violato un confine intoccabile. Si domandava se Julie davvero non si fosse resa conto del bacio rubato nel sonno, se dicendoglielo avrebbe condiviso gli stessi sentimenti che lei provava.

Il cuore di Sofi batteva tumultuosamente nel petto mentre tornava indietro lungo il sentiero. Si sentiva come se avesse appena attraversato una linea invisibile, svelando un lato di sé che non avrebbe mai voluto rivelare. Questi sentimenti stavano per esplodere. La gelosia che la tormentava si era trasformata in una consapevolezza più profonda dei suoi veri sentimenti.

Ancora confusa e incerta su come affrontare la situazione, Sofi decise di tenere per sé quel bacio furtivo, di nascondere la sua debolezza e proteggere il legame di amicizia che aveva con Julie. Avrebbe continuato a camminare su quella sottile linea di equilibrio, cercando di scoprire quale fosse la strada migliore per seguire il proprio cuore.

Con passo incerto, Sofì si allontanò dal fiume, immersa nei suoi pensieri, quando all'improvviso vide avvicinarsi Siria, sempre misteriosa e con aria saggia.

Siria si avvicinò a Sofì con calma, senza fare alcun rumore. I suoi occhi, intensi e penetranti, fissarono Sofì come se potessero scorgere le sue emozioni più intime. Non c'era nulla che potesse sfuggire al suo sguardo, è proprio bella assomiglia a Julie, ma ha dello charme in più!

"Sofì," disse Siria, con voce pacata ma carica di significato. "Ho visto tutto quello che è successo al fiume. Ho visto quel bacio furtivo che hai dato a Julie mentre dormiva."

Sofì si sentì improvvisamente scoperta, come se tutte le sue difese fossero state abbattute. Tentò di trovare le parole giuste per spiegarsi, ma fu colta da un senso di imbarazzo e insicurezza.

"Mi dispiace Siria," rispose Sofì, abbassando lo sguardo. "Non so cosa mi sia preso. È stato un istante di debolezza, una confusione dei miei sentimenti, sentimenti che tengo dentro me da molto."

Siria le sorrise con comprensione. "Sofì, il cuore umano è complesso e imprevedibile. Non posso biasimarti per aver seguito i tuoi veri sentimenti. Ma devi essere consapevole delle conseguenze che le tue azioni possono avere."

Le parole di Siria penetrarono nell'animo di Sofì come un raggio di luce. Si rese conto che la verità non poteva rimanere nascosta per sempre e che era giunto il momento di affrontare la situazione con coraggio e sincerità.

"Ho paura, Siria," ammise Sofì con voce tremante. "Ho paura di perdere l'amicizia di Julie, di creare tensioni nel gruppo e nella missione. Non so cosa fare."

Siria prese delicatamente le mani di Sofì nelle sue e il cuore all'improvviso le batté forte, le trasmetteva calma e saggezza. "Il percorso verso la verità e l'amore non è mai facile, Sofì. Ma devi fidarti del tuo cuore e avere fiducia nei legami che hai creato. So che abbiamo una missione so che vuoi bene anche a Beatrix ma per trovare la pace in te e con il gruppo devi parlare con Julie, spiega i tuoi sentimenti, e lascia che la sincerità guidi il vostro cammino."

Sofì annuì, rassicurata dalle parole di Siria. Si sentì pronta ad affrontare la conversazione con Julie, a mettere tutto in chiaro e a scoprire quale fosse il futuro dei loro sentimenti e del loro legame.

Siria la osservò con un sorriso benevolo. "Ricorda Sofì, ogni passo che fai verso la verità ti porterà più vicina a te stessa e a ciò che desideri veramente. Che la luce della sincerità illumini il vostro cammino."

Sofì ringraziò Siria per le sue sagge parole. Era arrivato il momento di affrontare la verità bella o brutta che fosse stata e ritrovare il suo cuore perduto.

Un altro membro del gruppo era sveglio, Marcus, si trovava nella biblioteca del Villaggio Segreto, immerso nella lettura degli antichi archivi che contenevano i segreti e le storie degli abitanti. Aveva notato la sorprendente somiglianza tra Alexander e lui, un legame che non poteva ignorare. Era determinato a scoprire la verità.

Le sue mani sfogliavano i documenti ingialliti, alla ricerca di indizi che potessero svelare la connessione tra lui e quel giovane uomo. Le emozioni si intrecciavano dentro di lui: l'emozione di poter aver ritrovato suo figlio e la paura di affrontare i fantasmi del passato.

Le pagine si susseguivano, e finalmente Marcus trovò un vecchio articolo scritto da uno degli abitanti del villaggio che raccontava la storia di un bambino trovato nel bosco appena nato e che apparteneva a una giovane donna di Harmony Prime. I dettagli della storia coincidevano con quanto Marcus ricordava: sua moglie, era fuggita da quel luogo di calma apparente, portando con sé il figlio, non voleva crescerlo in quell'ambiente pieno di bugie e senza amore. Perché anche i genitori non dovevano amare i figli, ma semplicemente crescerli ligi alle regole.

Questo era il prezzo da pagare per una vita "tranquilla".

Nonostante questo ricordo sofferente, Il cuore di Marcus si riempì di emozione e tormento. Aveva sempre sperato che entrambi fossero vivi, ma la realtà di quello che era successo lo colpì come una lama nel petto. La donna che amava aveva deciso di allontanarsi da lui e da Harmony Prime.

Le lacrime rigarono il volto di Marcus mentre l'amaro della verità gli si insinuava nell'anima. Aveva perso l'opportunità di crescere suo figlio con sua moglie, di stringerlo tra le braccia e di proteggerlo, era stato un vigliacco. Ora, a distanza di tanti anni, quel legame familiare doveva essere recuperato.

Marcus si alzò dalla sedia, con il cuore in tumulto. Aveva una missione da compiere: conoscere e farsi conoscere meglio da Alexander, farlo entrare nel suo mondo e costruire una nuova relazione, se lui lo avesse desiderato.

Con passo deciso, Marcus lasciò la biblioteca e si diresse verso casa sua.

Gli occhi di Marcus brillavano di determinazione e amore. Era pronto ad affrontare ogni ostacolo per riscattare il tempo perduto e riunirsi con suo figlio. Il viaggio alla ricerca della verità non era ancora terminato, ma ora aveva un motivo ancora più forte per continuare: suo figlio, il suo amore perduto da troppo tempo.

Ma sua moglie Esmeralda dov'era finita

Capitolo9:"Ombre nella Calma Apparente"

L'indomani ad Harmony Prime, la calma apparente era stata turbata. Julie, Beatrix, Marcus, Gabriel, Emma e Sofì erano scomparsi nel nulla, e il governo della città si era attivato immediatamente per riportare l'ordine e preservare l'illusione di una vita pacifica.

Le strade di Harmony Prime erano state inondate da soldati che perlustravano ogni angolo, scrutando attentamente gli abitanti e interrogandoli riguardo alle recenti sparizioni. I cittadini, spaventati e preoccupati, non osavano sollevare alcun sospetto o discutere delle assenze misteriose, perché sapevano che l'amore non doveva essere mai rivelato.

La città sembrava vivere in una sorta di trance, in cui l'amore era confinato nei cuori e negli sguardi furtivi. Ogni abbraccio era fatto di timore e segretezza, poiché il governo aveva imposto il divieto di esprimere apertamente i sentimenti. I matrimoni non erano più delle feste sacre, non si festeggiava più, venivano organizzati e consumati senza passione, come se l'amore fosse stato bandito dal tessuto stesso dell'umanità.

Nel cuore di Harmony Prime, la sala del governo era un luogo di segreti e intrighi. I leader si riunivano per discutere delle recenti sparizioni e stabilire come mantenere il controllo sulla popolazione. Era importante per loro nascondere la verità e mantenere l'illusione di una città perfetta e inespugnabile.

Mentre i protagonisti cercavano di organizzare la loro rivolta, i soldati di Harmony Prime intensificarono gli sforzi per ritrovare Julie, Beatrix, Marcus, Gabriel, Emma e Sofi. Sotto l'ordine del governo, erano disposti a fare qualsiasi cosa pur di mantenere il controllo e nascondere la verità.

I soldati erano stati addestrati senza compassione o umanità i loro occhi erano duri e freddi. Le loro uniformi, nere come la notte, rappresentavano il potere oppressivo del governo e la loro determinazione nel cacciare gli "infedeli". I soldati avevano capito che c'erano degli Scienziati che avevano aiutato alcuni di loro a fuggire, proprio perché i ribelli lavoravano nello stesso ambiente. Le case degli scienziati venivano invase, i mobili rovesciati, le famiglie spaventate e sottomesse. Ogni sguardo sospetto o parola sussurrata poteva condurre all'arresto e all'isolamento.

L'aria stessa era carica di tensione e paura, come se un buio impenetrabile avvolgesse la città.

La tortura mentale e fisica era una pratica comune. I soldati infliggevano dolore e umiliazione a coloro che venivano sospettati di avere informazioni sugli scomparsi. Le grida di dolore si mescolavano al silenzio oppressivo dell'edificio dov'erano stati portati. Sotto tortura, gli scienziati rivelarono che il gruppo era stato condotto in un edificio abbandonato nelle vicinanze.

I soldati, guidati dalle informazioni degli scienziati, si diressero verso quell'edificio, ignari di ciò che li avrebbe attesi. Quando arrivarono sul luogo, rimasero sbalorditi di fronte a uno scenario di caos.

Soldati che giacevano a terra, senza vita, mentre le porte segrete dell'edificio erano aperte, rivelando un passaggio oscuro e inquietante. Il sangue macchiava le pareti e il pavimento, testimoniando una lotta feroce che si era svolta tra le forze del governo e il gruppo.

Mentre i soldati esploravano la sala notarono un file abbandonato su un tavolo, con una nota attaccata che recitava "Per coloro che cercano la verità".

Con curiosità e un pizzico di speranza, il soldato prese il file tra le mani per studiarlo con attenzione. Le pagine erano piene di informazioni che rivelavano l'esistenza di un villaggio segreto, un luogo in cui le persone vivevano libere dalla manipolazione e dalle restrizioni del governo di Harmony Prime.

Man mano che leggevano il file, i soldati rimanevano sbalorditi dalle rivelazioni che emergevano. Il villaggio segreto era un luogo nascosto, lontano dagli occhi indiscreti del governo, in cui si respirava un'aria di libertà e verità. Era un rifugio per coloro che cercavano di sfuggire al controllo oppressivo della società.

Le parole scritte sul file descrivevano una comunità unita, con valori di uguaglianza, amore e giustizia. Era un luogo in cui le persone potevano vivere secondo le proprie convinzioni, lontano dalla manipolazione e dalle false apparenze di Harmony Prime.

Uno di loro disse: "com'è possibile che questo file non sia mai stato trovato? Abbiamo bruciato tutto ciò che riguardava storie d'amore e di coraggio."

Un altro soldato risponde: "Forse niente può nascondersi per sempre ora il Governo metterà ancora più restrizioni a tutti noi e credo che da qui in poi ci attenderà tanto lavoro, dobbiamo trovare questo villaggio e distruggerlo, ritorniamo al Governo a riferire tutto."

Capitolo 10: "Una Nuova Missione"

Erano gia passati quattro mesi da quando il nostro gruppo arrivò al villaggio e tutti i giorni si allenavano per essere pronti per la battaglia finale, davano anche una mano al villaggio, c'era tanto da fare, dal procurarsi il cibo da soli ad alimentare di corrente l'intero villaggio.

Intanto Il sole sorgeva lentamente sull'orizzonte, illuminando il Villaggio Segreto e i cuori dei nostri protagonisti. Dopo un'altra notte di riflessioni e intimità, il gruppo si riunì per affrontare una nuova sfida. Hope, la determinata capo del villaggio, li chiamò a sé con un'espressione seria ma fiduciosa.

"Amici miei", disse Hope, con la voce piena di determinazione, "è giunto il momento di svelare una nuova verità e di intraprendere una nuova missione che potrebbe cambiare tutto ciò che conosciamo. Ho deciso di affidarvi un compito di estrema importanza."

Marcus, Julie, Beatrix, Gabriel ed Emma ascoltarono attentamente, ansiosi di sapere quale sarebbe stata la prossima sfida.

Hope continuò: "Dovete recuperare un documento segreto sulla manipolazione genetica. Questo documento contiene informazioni cruciali che potrebbero rivoluzionare la nostra lotta per la libertà e l'amore vietato. Si trova in una struttura a sud di Harmony Prime."

Julie si alzò in piedi, il suo sguardo determinato. "Siamo pronti ad affrontare questa missione, Hope. Non ci fermeremo finché non avremo quel documento nelle nostre mani."

Beatrix annuì, mettendo una mano sulla spalla di Julie. "Siamo uniti come mai prima d'ora. Affronteremo ogni ostacolo insieme e torneremo vittoriosi."

Sofì si avvicinò a Julie, cercando di nascondere le emozioni contrastanti che ardevano dentro di lei. Era grata per la sua amicizia, lo desiderava da tanto, da quando la osservava nel suo laboratorio ma sapeva anche di dover ancora affrontare la verità con lei prima o poi. Ma per ora rimase in silenzio, ad ascoltare le parole di Hope, anche se il suo sguardo si incrociò brevemente con quello di Julie, scatenando un vortice di emozioni nel suo petto.

Hope la nostra leader del villaggio che già aveva capito tutto, notò l'atmosfera carica e gli sguardi silenziosi che Sofì lanciò Julie, ma decise di non intervenire Sofì doveva caversela da sola, sperando che nulla sarebbe successo alla missione . C'era un tempo per tutto, e sapeva che il corso dell'amore e dell'amicizia aveva i suoi tempi misteriosi.

"Alexander e Siria si uniranno a voi in questa missione", annunciò Hope. "Hanno conoscenze e abilità che potrebbero esservi utili. Affidatevi a loro, lavorate come squadra e recuperate quel documento." Siria fece l'occhiolino a Sofì e Sofì sorpresa, si imbarazzò ma ancora non capiva il perché...

Marcus era contento di lavorare con suo figlio così avrebbe avuto l'occasione di conoscerlo meglio. Avrebbe per ora aspettato, di raccontare tutto, prima c'era la missione.

Il gruppo acconsentì con un cenno di assenso. Era una nuova sfida che li aspettava, ma si sentivano più forti e determinati che mai.

"Rifornitevi e partite al più presto", disse Hope con un sorriso incoraggiante. "Il destino di tutti noi dipende anche da voi. Siate coraggiosi e portate la verità alla luce."

I protagonisti si guardarono negli occhi, compresero l'importanza della missione e si prepararono a partire. Ogni passo li avvicinava alla verità, alla libertà e all'amore che tanto desideravano.

Mentre si allontanavano dal Villaggio Segreto, il sole illuminava il loro cammino. Era un nuovo giorno, una nuova missione, e insieme avrebbero affrontato ogni sfida che li attendeva. I loro cuori erano pieni di speranza e determinazione, pronti a svelare i segreti che avrebbero cambiato il corso del loro destino.

Il gruppo si avventurò verso Sud, guidato dalle indicazioni di Hope riguardo alla posizione dell'edificio contenente il documento segreto. Attraversarono boschi fitti e sentieri tortuosi, affidandosi alla loro abilità e conoscenza per superare gli ostacoli lungo il percorso.

Alexander e Siria si muovevano agilmente tra gli alberi, sorvegliando le spalle del gruppo e garantendo la loro sicurezza. La loro abilità nel maneggiare le spade era evidente, e il loro istinto per il combattimento li rendeva una preziosa risorsa per il gruppo.

Marcus camminava con passo deciso, gli occhi attenti e le mani pronte a impugnare le sue armi. La sua esperienza nella lotta corpo a corpo gli conferiva una fiducia incolmabile, e la determinazione di aver ritrovato suo figlio alimentava il fuoco che ardeva dentro di lui.

Gabriel, con il suo sguardo attento e concentrato, analizzava l'ambiente circostante. La sua abilità tecnologica e la conoscenza dei testi antichi si rivelavano preziose, poiché decifrava antichi codici e mappe, fornendo al gruppo informazioni cruciali per il loro viaggio.

Beatrix, dotata di una mente affilata e abile nell'uso delle tecnologie, supportava Gabriel nel decifrare gli indizi che li avrebbero condotti all'edificio. La sua destrezza nel combattimento era notevole e, insieme a Marcus, formavano un'impareggiabile coppia di difensori.

Emma, con i suoi occhi brillanti di curiosità e passione per i testi antichi, osservava attentamente ogni segno lasciato dal passato. La sua conoscenza e la sua abilità nell'uso delle armi facevano di lei una componente preziosa del gruppo, pronta a difendere i suoi compagni in ogni momento.

Julie, con la sua agilità e destrezza, era un'esperta nel superare ogni tipo di ostacolo. Le sue abilità nel combattimento e nel riuscire ad aprire porte e meccanismi complicati erano fondamentali per progredire nel loro viaggio.

Sofì, con il suo spirito combattivo e la sua abilità nell'uso delle armi, si univa al gruppo nel suo costante desiderio di proteggere coloro che amava. La sua presenza era un fattore di forza e determinazione, e la sua risolutezza non conosceva limiti.

Con una barca messa a disposizione dal villaggio, attraversarono un fiume impetuoso, Il gruppo lentamente si avvicinava sempre di più all'edificio che custodiva la verità tanto ambita.

Durante il loro cammino, si scambiarono parole di incoraggiamento e fiducia, rafforzando i legami che li univano. I dialoghi erano carichi di determinazione, ma anche di leggeri momenti di distrazione e risate, che alleviavano la tensione del loro compito.

"Non vedo l'ora di scoprire cosa ci riserverà l'edificio", disse Gabriel, sorridendo ai suoi compagni.

"È incredibile come siamo riusciti a superare tutte queste prove insieme", commentò Emma, guardando intorno con occhi brillanti di emozione.

Julie afferrò la mano di Beatrix, trascinandola in avanti con un sorriso sul viso. "Siamo più forti di quanto pensiamo."

Marcus osservò il gruppo e suo figlio con orgoglio, consapevole del loro impegno e della determinazione che li animava. "Siamo una squadra formidabile. Non importa cosa ci aspetta, affronteremo ogni sfida insieme."

Continuarono il loro cammino, ormai vicini al loro obiettivo. Il sole illuminava il loro percorso, e nel cuore di ognuno di loro bruciava l'ardente desiderio di scoprire la verità che li attendeva all'interno dell'edificio misterioso.

Il sole stava calando lentamente all'orizzonte, tingendo il cielo di sfumature arancioni e rosse. Il gruppo si trovava su una collina, da cui potevano scorgere l'edificio tanto atteso, ma decisero di non affrettarsi e di accamparsi nel bosco circostante per la notte. Erano consapevoli dell'importanza del riposo e della necessità di conservare le proprie energie per affrontare ciò che li aspettava.

Mentre preparavano il campo, Julie e Beatrix si scambiarono dolci sguardi, mostrando la loro complicità e il loro amore reciproco. Si stavano abbracciando, quando Sofì, rimasta in disparte, osservò la scena con un misto di dolcezza e tristezza nel cuore. Si voltò verso il fuoco e cercò di nascondere i suoi sentimenti contrastanti.

Marcus che aveva intuito tutto, si avvicinò a Sofì, notando la sua espressione pensierosa. Posò una mano sulla sua spalla in segno di sostegno. "Tutto andrà bene, Sofì. Dobbiamo essere una squadra unita.

Sofì annuì, un sorriso flebile sul viso. "Lo so, Marcus. Sono solo momentaneamente distratta, ma sono pronta ad affrontare qualsiasi cosa ci aspetti i questa missione."

Gabriel, seduto vicino a Emma, si mise a sfogliare un antico libro che aveva portato con sé. Aveva trovato alcune informazioni interessanti riguardo all'edificio. Pare che fosse sun luogo di grande importanza storica, potrebbe contenere risposte preziose."

Emma lo strinse a sé vedendolo così concentrato.

Mentre il gruppo si riuniva attorno al fuoco, Siria e Alexander si uniscono a loro, portando una pentola di cibo caldo. "Abbiamo bisogno di energie per il nostro viaggio di domani. Mangiate, e poi vi racconterò una storia antica che potrebbe rivelarsi utile."

Il gruppo si riempì di cibo e bevande calde, ascoltando con attenzione le parole di Siria. La sua voce fluiva come una melodia, raccontò:

Siria, con la sua voce avvolgente, raccontò una storia antica tramandata di generazione in generazione. Narra che molti secoli fa, in tempi di grande conflitto e carestie nel Mondo, un potente sovrano diede inizio una nuova terra, la terra di Harmony Prime. Era un uomo dal cuore corrotto, che cercava di dominare tutto e tutti.

Tuttavia, una profezia antica predisse la sua caduta, ma che non sarebbe stato l'ultimo. Infatti, si diceva che un gruppo di individui, guidati dall'amore puro e dalla luce interiore, si sarebbe unito per svelare i segreti nascosti e porre fine alla tirannia del sovrano.

Secondo la leggenda, l'edificio che il gruppo stava per esplorare era il luogo in cui si celava il più grande segreto di Harmony Prime: il vero documento che conteneva il potere di smascherare la manipolazione genetica.

(Nessuno aveva più il coraggio di uscire dalle mura della città per smascherare qualsiasi cosa e quindi era più sicuro lasciarli in questi edifici, con telecamere nascoste attive e trappole pronte a scattare se ce ne fosse stato bisogno.)

La storia narrava che solo coloro che credevano nell'amore incondizionato e nella forza dell'unità avrebbero avuto il potere di accedere a questo documento e di utilizzarlo per il bene comune.

I protagonisti ascoltarono con attenzione, sentendo che quella storia antica aveva un significato profondo per il loro viaggio. Si guardarono negli occhi, rafforzando la loro determinazione e la fiducia reciproca. Avevano il potere di svelare la verità e di portare la luce in un mondo oscurato dalle ombre del potere.

Sofì, seduta vicino a Julie, osservava attentamente la ragazza che amava. Era travolta dai suoi sentimenti, ma sapeva che era giusto proteggere la missione al momento. Decise di godersi il momento, di lasciarsi cullare dalle storie di Siria e di non pensare alle sue emozioni contrastanti.

La notte trascorre lentamente, accompagnata dai suoni rassicuranti del bosco e dalle risate del gruppo. Le stelle illuminavano il cielo, mentre il fuoco ardeva accogliente. Era un momento di condivisione e di preparazione per ciò che li attendeva.

Mentre i protagonisti si lasciavano avvolgere dalla calma della notte, il loro cuore pulsava di entusiasmo e determinazione. Sapevano di essere pronti per la tappa più importante del loro viaggio verso la verità, decisi a scoprire l'amore svelato e a portare a termine la loro nuova missione.

Capitolo 11: "Tutto si svela"

L'indomani, al loro risveglio, l'emozione era palpabile nell'aria mentre il gruppo si avvicinava all'imponente edificio. I loro passi erano carichi di aspettative e speranze, ma anche di una certa apprensione per ciò che avrebbero potuto scoprire.

Finalmente, davanti a loro si aprì un'entrata segreta, nascosta tra le fronde degli alberi. Era un varco stretto e oscuro, che sembrava celare misteri antichi. Al momento non c'erano sorveglianti a custodirlo, come se il tempo avesse avvolto l'edificio in un silenzio eterno.

"Questo è il momento", sussurrò Julie, stringendo la mano di Beatrix. "Siamo arrivati fin qui, non possiamo più indietreggiare."

Con passi furtivi, entrarono nell'oscurità del corridoio. Le loro ombre si allungavano sulle pareti di pietra, mentre procedevano con cautela. La tensione si faceva sempre più intensa, e i loro sguardi erano rapiti da ogni dettaglio che si svelava loro.

Finalmente, giunsero in una sala misteriosa. Le pareti erano ornate da simboli enigmatici, mentre un'antica reliquia era posizionata al centro della stanza. Era un libro antico, dalle pagine ingiallite dal tempo, che sembrava emanare una luce propria.

"È incredibile", esclamò Emma, affascinata dalla bellezza e dalla potenza che quel libro trasmetteva. "Questa potrebbe essere la chiave per svelare il segreto che abbiamo cercato."

Alexander e Siria si avvicinarono al libro, i loro occhi brulicanti di curiosità e saggezza. "Questa è una conoscenza antica", disse Alexander. "Contiene la verità che abbiamo tanto cercato."

Il gruppo si riunì intorno al libro, conscio dell'enormità di ciò che stavano per affrontare. Si guardarono negli occhi, sentendo l'unione dei loro cuori e delle loro determinazioni. Era il momento di svelare il segreto nascosto e di affrontare le conseguenze che ne sarebbero derivate.

"Abbiamo combattuto insieme, abbiamo amato insieme", disse Marcus, con voce ferma ma commossa. "E ora siamo pronti a scoprire la verità che ci attende."

Le pagine del libro furono sfogliate con cura, rivelando un messaggio criptico che prometteva di svelare il segreto più profondo e intimo che era stato celato per tanto tempo. Il gruppo si preparò mentalmente per ciò che sarebbe seguito, conscio che la loro unione e il loro amore avrebbero guidato ogni loro passo.

Il momento era arrivato. Il segreto nascosto avrebbe svelato la verità che avrebbe cambiato per sempre le loro vite e il loro destino. Con coraggio e determinazione, si apprestarono a leggere e ad affrontare la sfida che li attendeva, pronti a lottare per l'amore e la verità che li aveva guidati fin lì.

Il gruppo era sconvolto dalla scoperta e dall'enormità della manipolazione genetica che ne derivava, se il loro piano avesse funzionato, il progetto si sarebbe allargato a livello Mondiale.

Si ritrovarono a confrontarsi con la cruda realtà di essere privati dell'esperienza dell'amore genuino e sincero per i loro scopi Mondiali, di comandare tutti come burattini e noi di Harmony Prime ne eravamo le prime cavie.

"Non posso crederci", sussurrò Beatrix, stringendo il libro con forza. "Tutto questo tempo, che ci hanno rubato, vogliono modificarlo a tutti noi geneticamente per poi espandersi anche ad altre popolazioni fuori da Harmony Prime?"

Julie si avvicinò a lei, prendendole la mano. "Non possiamo permettere che ciò che abbiamo scoperto ci distragga dal nostro amore vero."

Sofi si unì alla discussione, con sguardo determinato. "Questo segreto ci deve spingere a indagare ancora di più. Dobbiamo trovare ulteriori prove per comprendere appieno la portata del segreto che Harmony Prime ha nascosto."

Alexander, con la sua saggezza, aggiunse: "Questa scoperta mette in discussione non solo il nostro presente, ma anche il nostro passato, ma non vuol dire perdere noi stessi. Abbiamo bisogno di comprendere l'intero quadro per poter agire con consapevolezza."

Siria annuì, rivelando la sua abilità strategica. "Dobbiamo pianificare attentamente ogni passo. Non possiamo permettere che Harmony Prime ci scopra o ci ostacoli. Abbiamo un obiettivo chiaro, e insieme possiamo raggiungerlo."

Gabriel, Emma e Marcus erano d'accordo con le parole dei loro amici e diedero coraggio a tutti loro di non farsi stravolgere.

Ogni coppia innamorata si guardava negli occhi, sapendo che stavano lottando non solo per la loro storia d'amore, ma anche per il diritto di provare a condividere l'amore autentico con il resto del mondo.

Infine, giunsero nel cuore pulsante dell'edificio, Gabriel, armato delle sue conoscenze tecnologiche, cercava di individuare tracce digitali che potessero rivelare la verità celata. Emma, con i suoi talenti da studiosa, analizzava documenti e registri per rintracciare indizi cruciali.

Mentre si addentravano sempre più in profondità in questo archivio, l'atmosfera si faceva sempre più carica di suspense. Ogni passo era una scoperta, ogni documento una possibile rivelazione. Il destino di Harmony Prime era in bilico, e loro erano gli unici in grado di cambiare le sorti di un intero popolo.

Il segreto che si nascondeva dietro quelle mura era più oscuro di quanto avessero mai immaginato. Era un'operazione insidiosa, orchestrata per controllare le emozioni e privare le persone dell'amore vero. Ma ora che il gruppo era unito e determinato, non avrebbero permesso che il segreto restasse sepolto nell'ombra.

Con gli occhi brillanti di determinazione, si guardarono l'un l'altro. Era arrivato il momento di rivelare la verità al mondo e riportare l'amore nelle vite di tutte le persone di Harmony Prime. Erano pronti ad affrontare ogni sfida, a sacrificare tutto per restituire l'umanità a un popolo che l'aveva dimenticata.

Con grande cautela, il gruppo si immerse nell'archivio dell' edificio, che custodiva segreti oscuri e terribili. Le pareti erano rivestite di scaffali colmi di cartelle ingiallite e polverose, mentre i computer erano impolverati e coperti di ragnatele.

Gabriel si avvicinò a uno dei computer, spazzando via la polvere dallo schermo. "Questo sembra essere il sistema principale. Dovrei riuscire ad accedervi e trovare i file di cui abbiamo bisogno."

Beatrix scrutò gli scaffali, prendendo una cartella dopo l'altra. "Guardate qui. Sono documenti dettagliati sulla sperimentazione sugli esseri umani. Non riesco a credere che abbiano fatto una cosa del genere."

Emma prese uno dei documenti, il suo viso contratto dall'orrore. "Questi sono nomi, persone che sono state sottoposte a questa manipolazione genetica. Sono state strappate dalle loro emozioni, dalla loro capacità di amare."

Marcus serrò i pugni, il suo sguardo ardente di rabbia. "Questo è un crimine contro l'umanità. Non possiamo lasciarli impuniti. Dobbiamo portare alla luce tutto ciò che abbiamo trovato."

Julie annuì con fermezza. "Abbiamo la responsabilità di far conoscere al mondo questa verità. Non possiamo permettere che si continui a manipolare le persone."

Sofì, seppur con il cuore straziato, trovò la forza di andare avanti. "Dobbiamo trovare prove concrete, qualcosa che possa smascherare completamente Harmony Prime. Non possiamo fermarci qui."

Siria, con la sua voce calma e autorevole, mise in guardia il gruppo. "Ricordate, siamo nel loro territorio. Dobbiamo essere cauti e organizzati. Non possiamo permettere che ci scoprano."

Con il passare delle ore, il gruppo scavò sempre più in profondità negli archivi, raccogliendo prove, fotografie e testimonianze che raccontavano la verità. C'erano file di come era stato sperimentato il cambiamento del Dna fino ad ottenere la formula definitiva. Ogni file era un tassello nel mosaico di inganni e crudeltà perpetrati da Harmony Prime.

I loro sguardi erano assorti, ma anche intrisi di speranza.

Avevano scoperto la chiave per liberare Harmony Prime dall'oppressione dell'amore manipolato.

Fu Emma a far luce su un documento particolarmente rilevante. "Guardate qui. Questo sembra essere il progetto segreto, il codice che controlla la manipolazione genetica. Se possiamo decifrarlo e interrompere il processo, potremmo riportare l'amore nella vita di tutti."

Alexander si avvicinò, studiando il codice con occhi acuti. "Non sarà facile, ma possiamo farlo. Abbiamo le abilità e la determinazione necessarie per porre fine a questa ingiustizia."

Marcus era immerso nella ricerca tra i file della sperimentazione genetica quando i suoi occhi si posarono su un nome familiare: Esmeralda. Il suo cuore si strinse in un misto di speranza e terrore. Sapeva che quella donna era sua moglie, la madre di Alexander.

Con mano tremante, Marcus aprì il file e vide le informazioni scritte in modo dettagliato. Esmeralda era stata sottoposta alla manipolazione genetica anni prima, proprio quando si erano separati. Il suo cuore si spezzò nel vedere le immagini del suo volto segnato dalla sofferenza, dai test a cui era stata sottoposta.

Ma c'era qualcosa di ancora più sconvolgente. Esmeralda non era più incinta nel momento della sperimentazione. Significava che Alexander era già nato. Le lacrime rigarono il volto di Marcus mentre cercava di comprendere la portata di quella rivelazione.

Si chiese cosa fosse successo a Esmeralda dopo quella terribile esperienza. Era ancora viva? E se lo fosse, dove si trovava ora? Tutte queste domande affollarono la sua mente, ma sapeva che non poteva permettersi di perdere la concentrazione. Doveva rimanere forte per suo figlio e per il resto del gruppo.

Con il cuore infranto, Marcus raccolse tutte le informazioni che poteva sul caso di Esmeralda. Aveva un nuovo obiettivo, oltre alla missione principale. Doveva ritrovare sua moglie e proteggere suo figlio Alexander, anche se ancora nessuno sapeva questa storia.

Si allontanò dal computer, portando con sé le foto di Esmeralda e gli appunti che aveva preso. Era una scoperta sconvolgente, ma sapeva che non poteva permettersi di lasciare che il dolore e la confusione lo sopraffacessero. Doveva restare concentrato sulla missione e sulla lotta per l'amore e la verità.

Si unì al resto del gruppo e non disse loro ciò che aveva scoperto su Esmeralda. Era una ferita troppo profonda da condividere in quel momento. Ma dentro di sé, sentiva un nuovo fuoco ardere, la determinazione di trovare sua moglie e proteggere suo figlio.

Il gruppo uscì dalla sala degli archivi, portando con sé il peso delle rivelazioni che avevano appena scoperto. Le loro menti erano intrise di orrore e incredulità di fronte alla portata della manipolazione genetica condotta da Harmony Prime. Ogni passo che facevano verso l'uscita della fabbrica sembrava liberarli da un peso invisibile, ma le cicatrici delle scoperte rimanevano.

Sofì si passò una mano attraverso i capelli, gli occhi ancora pieni di sgomento. "Non riesco a credere che abbiano fatto tutto questo. Hanno rubato l'amore dalle persone, hanno manipolato le loro vite!"

Julie si avvicinò a lei, "Dobbiamo fare in modo che tutto questo venga alla luce, Sofì. Le persone devono sapere la verità su ciò che è stato fatto loro dobbiamo essere coraggiose."

Gabriel annuì, aggiungendo: "Abbiamo i file, le prove di ciò che hanno fatto qui. Dobbiamo portarle a Hope e studiare un piano per mettere fine a queste atrocità."

Beatrix prese una profonda boccata d'aria, cercando di raccogliere i suoi pensieri. "Ma prima di tutto, dobbiamo assicurarci che il gruppo sia al sicuro. Non possiamo rischiare di essere catturati o di perdere ciò che abbiamo scoperto."

Siria si unì alla discussione, sostenendo: "Sì, avete ragione. Dobbiamo trovare un modo assieme al villaggio segreto per far conoscere al mondo queste orribili sperimentazioni."

Mentre il gruppo si allontanava dalla fabbrica, il sole tramontava all'orizzonte, dipingendo il cielo con sfumature di rosso e arancione. L'aria fresca del bosco li avvolgeva, portando con sé una sensazione di libertà dopo le strettoie della fabbrica.

Marcus si fermò per un momento, guardando indietro alla struttura che aveva nascosto così tanti segreti. "Spero solo che un giorno tutte le persone coinvolte in queste sperimentazioni paghino per ciò che hanno fatto. Nessuno dovrebbe rubare l'amore e la vita agli altri."

Emma si avvicinò a lui, porgendogli una mano. "Hai ragione, Marcus. Dobbiamo cercare giustizia per tutte le vittime di Harmony Prime."

Il gruppo si riunì in un abbraccio, consapevole che il loro viaggio non era ancora terminato. Avevano scoperto un segreto sconcertante, ma avevano anche il potere di portarlo alla luce e fermare gli orrori compiuti da Harmony Prime.

Ma la pace durò solo per un istante, non avevano il lusso di riposarsi, poiché un rumore sottile di due motori si fece sentire nell'aria. Voltarono lo sguardo e li videro avvicinarsi, c'erano delle guardie al loro interno.

Gabriel: "hanno chiamato dei rinforzi, dovevano esserci delle telecamere nascoste al suo interno. State in guardia!"

Senza pensarci due volte, le guardie scesero dal veicolo e si lanciarono contro il gruppo, dicendo: "Julie e Beatrix vi abbiamo trovato ora ritornerete con noi ad Harmony Prime." Le armi tornarono a sfoderarsi, ma questa volta il combattimento era ancora più accanito. Julie era stata ferita e nonostante fosse profonda, si pose in prima linea per proteggere Beatrix, ma purtroppo fu colpita ancora brutalmente ma questa volta in mezzo al petto da un fendente di una delle guardie.

"Julie!" gridò Beatrix, cercando di raggiungerla, ma venne respinta dagli attacchi dell'altro nemico.

Sofì, vedendo la sua amata ferita fu pervasa da un'ira incontenibile. Con uno sguardo determinato, si scagliò contro le guardie, cercando di vendicare l'ingiustizia subita. Alexander, Marcus, Siria Emma e Gabriel si unirono vicino alle loro amiche per difenderle.

Ma Julie, mentre il suo corpo si indeboliva, e provando a combatter con Beatrix, si accorse che due guardie erano nascoste, pronti per portarle via. Sofì arrivò in tempo per sorreggere Julie che sanguinava molto, dalla sua ferita. Ma, le guardie avevano preso Beatrix che veniva trascinata via. Con un ultimo sforzo Julie, allungò la mano verso la sua amata, ma le forze la tradirono e svenne tra le braccia di Sofì.

Le guardie, sfruttando la confusione, caricarono Beatrix nel veicolo e si allontanarono in fretta. L'aria si riempì di disperazione e rabbia mentre il gruppo assisteva impotente alla fuga dei rapitori.

Marcus si inginocchiò accanto a Julie, stringendola delicatamente. "Resisti, Julie. Non possiamo perderti. Abbiamo bisogno di te."

Sofì, le lacrime rigandole il viso, si accasciò vicino a loro, incapace di contenere il dolore. "Non preoccuparti, Julie. Ti riporteremo al villaggio resisti."

Alexander e Siria si unirono al loro dolore, abbracciandoli silenziosamente. La sconfitta era amara, ma ora dovevano essere forti per salvare Beatrix.

Il gruppo rimase a lungo in silenzio, circondato dal buio del bosco, mentre le stelle illuminavano il cielo. Quella notte, la loro lotta aveva subito una dura battuta d'arresto, ma non avrebbero mai rinunciato. Si ripromisero di trovare Beatrix.

Intanto Marcus, vide un veicolo abbandonato dalle guardie e così tutti assieme decisero di usarlo per tornare al villaggio e salvare Julie.

Capitolo 12: "La Lotta per la Vita e la Verità svelata"

Julie giaceva svenuta e ferita gravemente, e il cuore di Sofì era straziato dalla preoccupazione. Con delicatezza, la stringeva tra le braccia, sfiorando con le dita i capelli della sua amata. Le lacrime scendevano silenziose lungo il suo viso mentre implorava che Julie si riprendesse. E intanto Siria, che osserva la scena era dispiaciuta per Julie e Beatrix ma nutriva anche un pizzico di gelosia verso Sofì.

Nel villaggio segreto, le luci soffuse creavano un'atmosfera tranquilla e protettiva, che tutto il caos appena accaduto sembrava irreale.

Appena arrivati al villaggio i dottori del villaggio si affrettarono ad avvicinarsi a Julie, portando con loro, il necessario per curarla. Sofì si sentì costretta a lasciarla nelle loro mani esperte, ma promise di non allontanarsi troppo.

Nel frattempo, Siria si allontanava con Marcus, Emma, Gabriel e Alexander per parlare con Hope, il capo villaggio. Si riunirono in una stanza silenziosa e riservata, dove la luce fioca accentuava i lineamenti seriosi dei presenti.

Marcus prese la parola con voce ferma, raccontando gli avvenimenti che avevano scoperto nella fabbrica, compreso il rapimento di Beatrix. Le parole di Marcus echeggiarono nell'aria, riempiendo lo spazio con un senso di urgenza e determinazione.

"Abbiamo bisogno di un piano per salvare Beatrix e scoprire cosa si cela dietro tutto questo," disse Marcus, guardando intensamente Hope.

Hope prese un respiro profondo, assorbendo le informazioni fornite disse:

"Questa è una situazione grave e richiede la massima cautela", la sua voce rifletteva la sua autorità.

"Dobbiamo organizzare un piano studiato in ogni particolare e ora dobbiamo anche aspettare che Julie guarisca."

Marcus annuì assieme a Siria, Emma, Gabriel e Alexander, sapendo che sarebbero stati in grado di recuperare Beatrix, solo dopo che tutti fossero tornati in salute.

La stanza si riempì di una determinazione silenziosa, mentre ognuno si preparava mentalmente per la sfida che li attendeva. Sapevano che il percorso non sarebbe stato facile, ma erano pronti a combattere per la verità e per salvare la loro amica.

Dopo le intense battaglie, il gruppo si prese una pausa per riposare e recuperare le energie. Sofì rimase accanto a Julie, che riposava nel letto dopo le cure dei medici del villaggio. La stanza era tranquilla, illuminata da una luce soffusa che creava un'atmosfera intima.

Sofì si sedette sul bordo del letto, osservando amorevolmente il volto sereno di Julie. Con delicatezza, le prese una mano tra le sue, sfiorando con dolcezza la pelle morbida. Un sorriso affiorò sul suo viso, mentre i suoi occhi brillavano di amore e preoccupazione.

"Julie," sussurrò Sofì con voce morbida, "non sai quanto mi faccia male vederti ferita. Vorrei poter prendere tutto il tuo dolore su di me." "Vorrei, anche se mi fa male, riportarti Beatrix perché mi piace vederti felice."

Sofì si chinò leggermente, poggiandole un bacio tenero sulla fronte, sperando che il suo amore potesse raggiungerla anche nei suoi sogni. Sussurrò parole dolci e rassicuranti, raccontandole i momenti felici che avevano condiviso tutti insieme e l'importanza che aveva nella sua vita.

"Sai, Julie, quando ti guardo, il mio cuore batte più forte," confidò Sofì, accarezzando con delicatezza i capelli di Julie. "Sei così coraggiosa, forte e affascinante. Non riesco a immaginare questa ribellione senza di te."

Sofì, si prese un momento per respirare profondamente, cercando di trattenere le lacrime che minacciavano di sgorgare dai suoi occhi. Continuò a parlare con voce sommessa, sapendo che Julie non avrebbe potuto sentire le sue parole in quel momento.

"Voglio che tu guarisca presto, Julie. Voglio vederti tornare forte e sorridente come sempre. Non posso aspettare così tanto per tornare ad abbracciarti di nuovo e sentire il tuo calore accanto a me."

Le parole di Sofì si persero nell'atmosfera tranquilla della stanza, mescolandosi con il dolce respiro di Julie mentre dormiva. Sofì si rimise a sedere sul bordo del letto, stringendo delicatamente la mano di Julie tra le sue, come se volesse trasmetterle tutta la forza e l'amore che provava per lei.

Il tempo trascorse lentamente mentre Sofì rimase lì, vigilante e affettuosa, desiderando ardentemente che Julie si riprendesse completamente.

La stanza era pervasa da un senso di intimità e amore, un rifugio sicuro in mezzo al caos del mondo esterno. Sofì rimase al fianco di Julie, vegliando sul suo sonno, desiderando con tutto il cuore che presto si svegliasse e tornasse a essere la forza guida del loro gruppo.

Le loro vite erano intrecciate in un legame indissolubile, e Sofì sapeva che avrebbero affrontato insieme ogni sfida che il destino avesse loro riservato. In quel momento, non c'era nient'altro che l'amore che li univa, che li avrebbe sostenuti e incoraggiati a lottare per la verità e per un futuro migliore.

Nel silenzio avvolgente, Sofì si chinò leggermente per piantare un altro bacio delicato sulla guancia di Julie, prima di lasciarla riposare e sprofondare nuovamente nel sonno. Si alzò silenziosamente, lasciando la stanza con il cuore colmo di speranza e il desiderio ardente di proteggere la persona che amava.

Sofì sapeva che il loro viaggio era lontano dall'essere finito, ma affrontava ogni sfida con coraggio, sapendo che insieme avrebbero superato ogni ostacolo.

Mentre Sofì si allontanava dalla stanza di Julie, immersa nei suoi pensieri e nel turbamento del momento, Siria si materializzò davanti a lei con un sorriso timido ma sincero. La luce fioca che illuminava il corridoio accarezzava i lineamenti delicati di Siria, rendendo ancora più evidente la sua bellezza incantevole.

"Sofì," disse Siria dolcemente, "posso parlarti un attimo?"

Sofì si fermò, guardando negli occhi di Siria. Le parole di Siria sembravano portare con sé un senso di urgenza e di rivelazione. Nonostante Sofì fosse attratta dalla presenza magnetica di Siria fin dal primo incontro, il suo cuore apparteneva a Julie, e questo le pesava profondamente.

"Si, Siria, dimmi," rispose Sofì, cercando di nascondere la tristezza che le si affacciava negli occhi.

Siria prese una profonda boccata d'aria e si avvicinò lentamente a Sofì, mantenendo lo sguardo fisso sul suo volto. Le sue parole erano piene di sincerità e delicatezza.

"Sofì, fin dal primo istante in cui ti ho vista, ho sentito qualcosa di speciale. Il mio cuore batte più forte ogni volta che ti avvicini, e la tua dolcezza e forza mi rapiscono. Vorrei essere la persona che cammina al tuo fianco, che ti protegge e che ti fa sorridere." Ti dico tutto questo ora, perché ho temuto che catturassero anche te oggi.

Sofì rimase in silenzio, le emozioni si mescolavano dentro di lei. Non poteva negare la bellezza di Siria né il legame che si era creato tra loro, ma il suo cuore apparteneva ancora a Julie, una promessa di amore che aveva fatto a sé stessa.

"Sono onorata dalle tue parole, Siria," disse Sofì con voce soffusa. "Tu sei una persona incredibile e la tua presenza mi commuove, ammetto di essere attratta da te, ma il mio cuore appartiene a Julie. Lei è la mia luce al momento, sono qui, fuori da Harmony Prime grazie a lei, anche se lei tutt'ora non sa niente, anche se so che Julie ama profondamente Beatrix il mio cuore è suo e finché non le confiderò questi sentimenti, nonostante sia stata attratta da te da subito, io non posso impegnarmi con nessun'altra.

Siria abbassò lo sguardo, accettando la verità e rispettando la scelta di Sofì. Ma prima di allontanarsi, Siria decide di dare a Sofì un ultimo gesto di amore e affetto.

Senza dire una parola, Siria si avvicinò a Sofì e posò dolcemente le labbra sulle sue, era uno di quei baci appassionati che ti fanno staccare i piedi da terra.

Un momento di intimità e comprensione, avvolgeva Sofì e Siria. Questo era un modo per esprimere tutto l'amore che Siria provava, pur sapendo che non sarebbe stato corrisposto nella stessa misura.

Sofì si lasciò trasportare da quel contatto, sentendo un turbine di emozioni scorrere dentro di lei. Ma quando il bacio si interruppe, Sofì si allontanò da Siria lasciandola da sola. Il suo cuore era ancora pieno di amore per Julie?

Gabriel, che aveva assistito alla scena da lontano, si avvicinò dolcemente a Sofì, mentre questa si asciugava le lacrime che solcavano il suo viso. La comprensione brillava nei suoi occhi, poiché anche lui aveva vissuto una situazione simile in passato.

"Sofì," disse Gabriel con voce calma, e l'abbracciò.

Sofì, sentendosi compresa e vulnerabile in quel momento sprofondò nel suo abbraccio quasi fraterno.

"Capisco esattamente cosa stai provando," disse Gabriel. "A volte il cuore ci conduce su strade che non possiamo prevedere o controllare. L'amore può essere complicato e doloroso, ma è ciò che ci rende umani."

Le parole di Gabriel penetrarono nel cuore di Sofì, che si trovava in bilico tra l'amore per Julie e la dolcezza di Siria. La sua voce si incrinò mentre parlava, cercando di mettere ordine alle emozioni che la travolgevano.

"Gabriel, amo Julie con tutta me stessa. Ho desiderato il suo amore fin dal momento in cui l'ho conosciuta. Eppure, allo stesso tempo, ho provato un'attrazione inconfondibile per Siria. È come se il mio cuore fosse diviso in due."

Gabriel sorrise comprensivo, porgendo una mano rassicurante sulla spalla di Sofì.

"È normale provare sentimenti contrastanti, Sofì. L'amore è complesso e può spingerci verso direzioni inaspettate. Ma ciò che conta davvero è come affrontiamo queste sfide e come onoriamo i nostri veri sentimenti."

Sofì annuì, lasciandosi consolare dalle parole sagge di Gabriel. La sua tristezza si mescolava con una consapevolezza profonda, accettando il suo amore per Julie e la connessione che aveva con Siria.

"Devo rimanere fedele al mio cuore," disse Sofì, stringendo le mani insieme. "Devo essere lì per Julie che giace ferita e con Beatrix rapita, devo essere l'amica della quale ha bisogno ora."

Gabriel annuì, ammirando la forza e la determinazione di Sofì nel seguire il suo sentimento più profondo. Lui stesso aveva imparato che l'amore vero richiedeva coraggio e sacrificio. È così che conobbe Emma.

"Sei una persona coraggiosa, Sofì," disse Gabriel con affetto. "La tua dedizione a ciò che senti è ammirevole.

Sii fedele a te stessa e al tuo amore per Julie. Troverai la strada giusta."

Sofì si sentì sollevata dalle parole di Gabriel, un senso di pace che iniziava a fiorire dentro di lei. Con un sorriso malinconico, si incamminò ancora verso la stanza di Julie, sapendo di dover essere la sua luce e la sua forza soprattutto ora.

"Mille grazie, Gabriel," disse Sofì, gli occhi ancora umidi di lacrime. "Le tue parole mi hanno dato conforto in un momento di confusione. Andrò da Julie ora, perché ho bisogno di vederla."

Gabriel annuì, rispettando la scelta di Sofì e comprendendo il percorso che aveva davanti a sé. Con un ultimo sguardo di comprensione e sostegno, si allontanò silenziosamente lasciando Sofì alle sue decisioni.

Sofì si avvicinò alla stanza di Julie, portando con sé la saggezza di Gabriel e l'amore che aveva per entrambe le donne. Era consapevole delle sfide che l'attendevano, ma sapeva che la sua presenza e il suo amore avrebbero dato a Julie la forza di riprendersi e la forza per cercare Beatrix.

Entrando nella stanza, Sofì si avvicinò al letto dove Julie riposava. Mentre la guardava dormire, una miscela di amore e tristezza si affacciò sul suo volto. Senza disturbarla, Sofì si sedette accanto a lei, prendendo delicatamente la sua mano tra le sue.

"Io ci sarò per te, Julie," sussurrò Sofì con voce sommessa. "Ti amerò e proteggerò, perché il mio cuore è tuo anche se non lo sai."

Con una carezza leggera sulla guancia di Julie, Sofì si lasciò trasportare dalla quiete della stanza, aspettando che Julie si svegliasse e che i loro sguardi si intrecciassero nuovamente.

Capitolo 13: "Oltre le Mura di Harmony Prime"

Beatrix si svegliò in una fredda e spoglia cella, Il suo corpo era segnato da lividi e cicatrici della battaglia appena passata. Ma la sua determinazione era ancora intatta. Si stringeva il petto pensando a Julie, immaginando il dolore che avrebbe provato ferita in quel modo e sapendo del suo rapimento.

Mentre aspettava che qualche soldato si facesse vivo, la mente di Beatrix si affollava di ricordi e pensieri di Julie. Ricordava il loro primo incontro avvenuto quattro anni prima, l'amore che era nato tra loro e tutti i momenti felici trascorsi insieme anche se, la maggior parte, di nascosto. Ma la sua mente la riportò alla realtà e una disperazione avvolse il suo viso nel pensare a Julie ferita, incapace di essere al suo fianco e di proteggerla.

Passata la notte al gelo senza cibo e né acqua. Gli interrogatori iniziarono presto, con gli agenti di Harmony Prime che cercavano di strapparle informazioni sul gruppo e sul loro nascondiglio.

Beatrix resisteva con forza, protettiva dei segreti che avevano messo in pericolo le vite di tutti loro.

Mentre veniva sottoposta a maltrattamenti fisici e psicologici, Beatrix trovava forza nel ricordo di Julie. Pensava alla sua dolcezza, alla sua determinazione e all'amore che le univa. Era un richiamo costante a non arrendersi, a sopportare il dolore e a lottare per la libertà di entrambe.

La tortura non riusciva a spezzare lo spirito di Beatrix, ma il suo corpo e la sua mente stavano cedendo lentamente. In quei momenti di dolore lancinante, cercava conforto nella speranza che Julie potesse sentire il suo amore e la sua presenza, anche a distanza.

Passarono due giorni, e Beatrix era sempre più debole. Le sue ferite non avevano avuto tempo di guarire, poiché veniva costantemente sottoposta a torture. Tuttavia, la sua determinazione a resistere e proteggere Julie non vacillava.

Un giorno, durante un momento di temporanea tregua dalle torture, Beatrix si raggomitolò nella sua cella, sfinita e vulnerabile. Le lacrime scorrevano silenziose sul suo viso mentre pensava a Julie, pregando che fosse al sicuro e che sapesse quanto fosse profondo il suo amore.

"Julie, amore mio," sussurrò Beatrix tra singhiozzi. "Resistiamo ti prego. Sento la tua presenza nel mio cuore, e ogni battito è un promemoria del nostro amore. Ti amerò sempre, indipendentemente da cosa accadrà."

Mentre la sua voce si spezzava nel dolore, Beatrix cercò di immaginare la tenerezza di Julie, il calore del suo abbraccio e la sicurezza che le donava. Erano pensieri che le davano forza e speranza, alimentando la sua determinazione a sopravvivere e a ritrovare la sua amata.

Quando gli agenti di Harmony Prime tornarono, avevano portato pane e acqua per lei, non doveva assolutamente morire aveva troppe cose da dire ed era giunto il momento di incontrare il presidente di Harmony Prime.

Mentre veniva portata via dalla cella, Beatrix non poteva fare a meno di sperare che il suo coraggio e la sua resistenza avessero un impatto su Julie. Sapeva che il loro amore era un legame indissolubile che nemmeno le mura di Harmony Prime potevano spezzare.

E così, con il cuore carico di amore e la mente piena di pensieri di Julie, Beatrix si aggrappò alla speranza di ritornare al suo fianco, pronta a sfidare tutto ciò che le avrebbero gettato addosso per riunirsi con la sua amata.

Con la forza di un amore indomabile, Beatrix affrontò l'ignoto, pronta a combattere fino all'ultimo respiro per salvare sé stessa e Julie, e per mettere fine all'oscurità di Harmony Prime.

Capitolo 14: "Il Risveglio e le Rivelazioni"

Era l'alba e dopo giorni Julie si svegliò lentamente, confusa e ancora debilitata dalla ferita. Guardò intorno, cercando di orientarsi, e vide Sofì accanto a lei, gli occhi gonfi dal pianto. La sua espressione era preoccupata e ansiosa.

"Sofì, cosa è successo?" chiese Julie con voce flebile, cercando di raccogliere i suoi pensieri.

Sofì prese una profonda boccata d'aria, cercando di controllare le sue emozioni. "Julie, c'è stato un attacco. Beatrix è stata rapita ad Harmony Prime. Sono riusciti a portarla via."

Julie rimase senza parole, i suoi occhi si riempirono di lacrime mentre cercava di assimilare la notizia. Beatrix, la sua amata, era stata strappata via da lei. La paura e il dolore si impossessarono del suo cuore.

"No.... non può essere vero", sussurrò Julie, cercando di trattenere le lacrime. "Dobbiamo riaverla indietro, Sofì.

Non possiamo lasciarla nelle loro mani è tutta colpa mia, se solo fossi stata più forte. Perché tutto questo perché..."

Sofì abbraccio Julie con forza. "Lo so, Julie hai ragione, piangi, disperati è giusto così. Ma sappi che non ci fermeremo finché non l'avremo riportata da noi. Siamo una squadra, ricordi? Affronteremo qualsiasi cosa per salvare Beatrix."

Il dolore nell'anima di Julie si trasformò in una fiamma di determinazione. Si alzò con determinazione dal letto, ignorando il dolore fisico che ancora la affliggeva, esclamò:" Che male!!"

Sofì le disse: "intanto ti devi riprendere e avere pazienza, perché abbiamo bisogno di te in perfetta salute." Julie annuì con un sorriso.'

Il gruppo e Hope sapendo del risveglio di Julie si riunirono attorno a lei, confermando il loro impegno nel salvare Beatrix. Gabriel, Emma, Marcus, Alexander e Siria erano pronti ad affrontare qualsiasi sfida fosse necessaria per riunire la coppia innamorata.

Sofì, con un'espressione risoluta, prese la parola. "Ho una proposta. Sappiamo che Harmony Prime è un luogo ben difeso, ma abbiamo una mappa dell'edificio e informazioni su possibili punti deboli. Dobbiamo pianificare attentamente la nostra missione di recupero."

Hope, il capo villaggio, annuì approvando l'iniziativa di Sofì. "Hai ragione, Sofì, ma al momento non possiamo fare molto, loro si aspettano proprio questo, un assalto fatto male. Fidatevi di me e avrete tutte le risposte. Julie non temere per Beatrix, fidati."

Julie prese la parola. "Mi fido di te dal primo giorno Hope ma come posso starmene qui tranquilla?"

Sofì annuì e disse: "perché non dobbiamo sapere niente ora, capo villaggio?"

Marcus: "hanno ragione Hope come possiamo stare qui in tranquillità?"

Hope li guardò con orgoglio. "Siete un gruppo straordinario. Non ho dubbi su questo e mi piace vedervi così uniti". Si avvicinò a Siria e Alexander, che osservavano attentamente la discussione del gruppo ed erano cresciuti al villaggio.

"Abbiamo bisogno di ogni membro del nostro villaggio che sia in perfetta salute mentalmente e fisicamente e Siria e Alexander che sono qui da più tempo di voi, sanno che le risposte arrivano prima o poi. Posso solo ribadire ancora una volta, fidatevi di me in questa missione".

Il gruppo un po' disorientato si affidò alle parole di Hope e Julie disse: "hai ragione, messa così non sono utile alla missione". E ritornò alle cure mediche e a riposarsi.

Ma intanto la tensione tra Siria e Sofì era palpabile. Entrambe sapevano che c'erano sentimenti in sospeso e che avrebbero dovuto affrontarli prima o poi. Tuttavia, in quel momento, l'importanza della missione e il desiderio di salvare Beatrix erano prioritari, ma prima Julie doveva guarire del tutto.

Così, nonostante la tensione, Siria e Sofì si impegnarono a lavorare insieme, a mettere da parte le loro divergenze personali per il bene del gruppo. Avrebbero affrontato le loro emozioni in seguito, quando la missione sarebbe stata completata.

Era ora di pranzo e Julie si trovava in riva al fiume nel tranquillo villaggio segreto, lasciandosi andare alla malinconia dei ricordi. Era lì che qualche sera prima aveva condiviso un momento di intimità e amore con Beatrix, prima che la loro vita fosse sconvolta dal rapimento. Le acque del fiume scorrevano dolcemente, quasi come se raccontassero la loro storia.

Immersa nei suoi pensieri, Julie si sentiva triste e persa, ma anche piena di speranza. Ricordava il calore delle braccia di Beatrix intorno a sé, i loro sguardi carichi di passione e l'amore che le univa. Il fiume, con il suo scorrere costante, sembrava portare con sé i ricordi di quei momenti speciali.

Mentre Julie si abbandonava alla nostalgia, un suono leggero la fece voltare. Era Sofì, che si avvicinava con passo silenzioso. I loro sguardi si incrociarono, rivelando un mix di emozioni.

Sofì si avvicinò lentamente a Julie, cercando di leggere i suoi sentimenti negli occhi della ragazza. Era consapevole del legame profondo tra Julie e Beatrix, ma non poteva neanche negare i propri sentimenti per Siria. Era una situazione complessa, eppure entrambe le ragazze erano importanti per lei.

Senza dire una parola, Sofì si sedette accanto a Julie, offrendole un abbraccio amorevole. Voleva essere lì per lei, anche se il loro legame non era quello di una coppia innamorata. Era un legame di amicizia profondo e comprensione reciproca.

Dopo l'abbraccio delle due ragazze, Sofì trovò il coraggio di esprimere i suoi sentimenti a Julie. Con voce tremante, le disse: "Julie c'è una cosa che devo dirti. Sono quasi due anni che sono innamorata di te nonostante tu appartenga già a Beatrix. Le raccontò di come si era resa conto di questi sentimenti, le spiegò di come fosse possibile che era innamorata di Julie da due anni, visto che si erano conosciute nell'edificio misterioso qualche mese prima.

Julie rimase sorpresa dalle parole di Sofì, cercando di elaborare tutto ciò che stava sentendo. La confusione e l'incertezza si mescolavano nel suo sguardo. E disse: "io e te ci conosciamo da quasi cinque mesi, non prendermi in giro Sofì!" Nonostante ciò, l'amore di Sofì era palpabile e sincero e Julie lo percepì.

Sofì confessò a Julie che per due anni aveva lavorato al controllo di soggetti sospetti ad Harmony Prime, rivelò di aver spiato Julie per due anni, osservandola senza che lei ne fosse a conoscenza.

Ma che proprio cinque mesi prima, scappò da questo progetto perché era innamorata di lei, anche se sapeva che era fidanzata con Beatrix.

Le parole di Sofì risuonarono nell'aria, e il silenzio si fece pesante tra loro. Julie era sconvolta, sentendosi tradita e vulnerabile. Le domande si affollarono nella sua mente, chiedendosi come avesse potuto fidarsi di qualcuno che l'aveva spiata così a lungo.

"Ma come hai potuto non dirmi niente fino ad adesso?" sussurrò Julie, la delusione e la rabbia presenti nelle sue parole. "Mi hai spiata per due anni e me lo dici ora? Come ho potuto fidarmi di te? Chi mi dice che dietro il rapimento di Beatrix non ci sia tu?"

Sofì cercò di spiegarsi, cercando di trovare le parole giuste per attenuare la ferita che aveva causato. Si scusò, ammettendo di aver agito in modo sbagliato, ma cercò di far capire a Julie che le sue intenzioni erano sempre state quelle di proteggere lei e il gruppo, che mai avrebbe permesso che qualcuno si ferisse o venisse rapito. "Proprio come te, lotto perché tutti noi possiamo vivere liberi."

"Lo so che è difficile da accettare, ma spero che tu capisca che tutto quello che ho fatto è stato per cercare di tenerti al sicuro," disse Sofì, con le lacrime agli occhi. "Ti prego, dammi la possibilità di spiegarmi meglio."

Julie si sentiva persa e vulnerabile, ora anche senza Beatrix accanto a lei a confortarla. La delusione e l'ira bruciavano dentro di lei, e aveva bisogno di tempo per elaborare tutto ciò che era appena accaduto.

Senza dire una parola, Julie si alzò e si allontanò da Sofì, lasciandola disperata e piena di rimorso. Le parole di conforto e i consigli che avrebbe desiderato ricevere da Julie erano solo un'illusione, e ora si trovava sola a fronteggiare le conseguenze delle sue azioni.

Sofi si lasciò cadere a terra, coprendo il viso con le mani mentre le lacrime scendevano abbondanti. Aveva perso la fiducia di Julie e temeva che il loro legame fosse irrimediabilmente danneggiato.

La delusione e il rimorso si impadronirono di Sofi, che avrebbe dato qualsiasi cosa per poter tornare indietro e cancellare tutto ciò che aveva fatto. Ma era troppo tardi. Doveva affrontare le conseguenze delle sue azioni e cercare di riparare ai danni causati, se possibile. Il cuore di Sofi era spezzato, consapevole di aver perso la persona che amava, la persona che, anche se dietro a un monitor, le aveva dato il coraggio di ribellarsi assieme a Marcus, Gabriel ed Emma.

Capitolo 15: "Destini Intrecciati: Il Confronto con il Presidente di Harmony Prime"

Beatrix si trovava in una sala d'attesa austera, le mani legate e il cuore in tumulto. Aveva appena varcato le porte dell'imponente ufficio del presidente di Harmony Prime, il misterioso e potente capo di Harmony Prime, era Gregory Hargrave, un uomo di circa 50 anni, alto, magro e affascinante, con capelli castano/grigio e uno sguardo penetrante che trasmetteva autorità e ambiguità.

Ma dietro al suo fascino il presidente Hargrave era un individuo enigmatico, con un'aria di superiorità e un'aura sinistra che lasciava presagire i suoi oscuri piani. Era noto per la sua abilità nel manipolare e controllare le persone.

L'attesa sembrava interminabile, ma finalmente le porte si aprirono, e Beatrix venne condotta nella sontuosa sala del presidente. Era decorata con opere d'arte enigmatiche e simboli misteriosi, che riflettevano l'oscurità che avvolgeva l'intera organizzazione.

Il presidente Hargrave era seduto dietro una scrivania imponente, con un sorriso malizioso sul volto. "Beatrix, finalmente ci incontriamo. Sono certo che tu abbia molte informazioni preziose da condividere con me."

Beatrix, mantenendo la sua determinazione, lo guardò dritto negli occhi. "Non otterrai nulla da me. Sono qui per liberare il mondo dal tuo controllo e dalle tue manipolazioni genetiche."

Il presidente Hargrave rise sinistramente. "Credi davvero di poter sconfiggere Harmony Prime con quelle pochi file che avete trovato? Vi abbiamo seguito in ogni vostra mossa, sappiamo tutto, ci sfugge solo il vostro nascondiglio e se siete ancora vivi, è solo perché vogliamo sapere dove si trova il villaggio.

Nonostante abbiamo setacciato tutta la zona, non siamo mai riusciti a trovare nulla.

E qui viene il bello, dopo il vostro primo ingresso nell' edificio abbandonato, avevamo deciso di portare via tutti i file presenti anche nell'ex laboratorio dove ti abbiamo catturata. Ma... all'ultimo, grazie alla mia mente geniale, abbiamo deciso di lasciare tutte le prove, per catturarvi e per scoprire finalmente dove si trova il villaggio. Però, ammetto che vi abbiamo sottovalutato, nonostante avessi mandato i miei uomini migliori sono ritornati solo con te. Ma ora o parlerai, o voi stupidi umani che mettete al primo posto sempre la parola Amore, morirete uno ad uno.

Le parole di Hargrave fecero rabbrividire Beatrix, ma la sua determinazione rimase intatta.

"Non permetterò che tu distrugga la libertà e la volontà delle persone. Combatterò fino all'ultimo respiro per svelare i tuoi segreti e fermare le tue atrocità." Tu mio caro e stupido Presidente, mi fai solo pena, non meriti neanche la mia attenzione. Tu non conosci la nostra potenza e la nostra determinazione, che va oltre i tuoi stupidi giochetti genetici e militari" (e gli mostrò il dito medio)

Il presidente Hargrave si alzò dalla sua sedia e si avvicinò a Beatrix con fare sinistro. "Sei coraggiosa, ma la tua resistenza sarà infranta. Vedrai, Beatrix, che il tuo desiderio di liberazione si trasformerà in obbedienza assoluta e non soffrirai più, non sentirai più dolore, pensaci...l'amore porta solo dolore, sofferenza e malattia. Il tuo destino è già stato deciso."

Beatrix rimase impassibile di fronte alle minacce di Hargrave. "Non avrai mai il mio consenso. Sono disposta a tutto pur di difendere ciò in cui credo."

Hargrave sorrideva diabolico, quasi divertito dalla sua tenacia. "Vedremo quanto sarai forte una volta sottoposta alle nostre procedure. Presto scoprirai che la tua volontà non sarà più tua, ma solo un riflesso dei nostri comandi."

Mentre il presidente Hargrave parlava, Beatrix sentì un senso di rassegnazione avvolgerla. Aveva cercato di proteggere Julie, di salvare il mondo da Harmony Prime, ma ora si trovava prigioniera del nemico, aveva visto come il siero rendeva le persone, prima provavano amore e poi subito dopo erano solo dei burattini

All'improvviso, un'ondata di paura e tristezza la colse. Non solo aveva perso la sua amata Julie, ma era anche consapevole di quanto fosse sola in quella lotta. Era circondata da nemici e privata di ogni speranza.

Con un ultimo sguardo di sfida al presidente Hargrave, Beatrix si preparò a fronteggiare il suo destino, determinata a resistere fino all'ultimo respiro. Nonostante la disperazione che la circondava, sapeva che doveva trovare un modo per invertire il corso degli eventi e svelare la verità nascosta dietro Harmony Prime.

Le sfide che la attendevano erano immense, ma Beatrix era pronta a combattere, nella speranza di riunirsi con Julie e porre fine al regno di terrore di Harmony Prime.

Capitolo 16: "il Fuoco della Speranza"

Erano passate 24h da quando Beatrix era stata portata nella sua solitaria cella, ma questa volta non veniva più torturata. Invece, riceveva cure mediche e cibo regolarmente. Era evidente che il presidente Hargrave aveva cambiato tattica nei suoi confronti.

Mentre Beatrix si lasciava curare, la sua mente vagava spesso verso i suoi compagni di ribellione. Pensava a Julie, al coraggio e alla forza che la caratterizzavano. Immaginava come potesse affrontare la situazione e sperava ardentemente che stesse bene.

I ricordi dei momenti con Julie affioravano nella sua mente come un raggio di luce in mezzo all'oscurità. Si rimirava nella loro intimità, negli sguardi teneri e nei gesti dolci. Quel pensiero le dava la forza di resistere, di non cedere al controllo del presidente Hargrave.

Nonostante la sua prigionia, Beatrix manteneva viva la fiamma della speranza. Sapeva che non poteva permettere che le manipolazioni di Harmony Prime la abbattessero completamente. Doveva trovare un modo per scappare e per riunirsi con i suoi compagni, per combattere insieme e porre fine alle atrocità dell'organizzazione.

Guardando attraverso le sbarre della sua cella, Beatrix notò con crescente preoccupazione, i movimenti frenetici degli scienziati nella struttura di Harmony Prime. Era evidente che qualcosa di grande stava per accadere, ma ancora non sapeva esattamente cosa. La curiosità si unì all'ansia, mentre cercava di cogliere indizi che potessero rivelare il nuovo piano macchinoso dell'organizzazione.

Fu allora che, all'improvviso, la sua attenzione fu catturata da una figura affascinante che si avvicinava alla sua cella. Era una donna di straordinaria bellezza, con capelli nero viola che le scendevano morbidi sulle spalle e occhi chiari che sembravano scrutare nel profondo dell'anima. Indossava un camice bianco impeccabile e si presentò con un sorriso dolce.

"Mi chiamo Esmeralda", disse con voce melodiosa. "Ho sentito parlare molto di te, Beatrix. Sono qui per offrirti un'opportunità che potrebbe cambiare il tuo destino."

Beatrix rimase sorpresa dalla sua improvvisa comparsa e dal tono misterioso delle sue parole. Era diffidente, ma al contempo incuriosita dalla possibilità di ottenere qualche informazione che potesse aiutarla nella sua fuga.

"Chi sei?" chiese Beatrix con voce ferma, scrutando attentamente gli occhi di Esmeralda alla ricerca di indizi.

Esmeralda sorrise comprensiva. "Sono una figura chiave all'interno di Harmony Prime, io sono la scienziata che lavora al progetto genetico che dovrebbe cancellare i sentimenti, ma non faccio parte della loro corruzione. Sono qui per aiutarti, Beatrix. So della tua lotta per la libertà e della tua connessione con Julie."

Le parole di Esmeralda colpirono Beatrix dritto al cuore. Era sconcertata dal fatto che questa misteriosa donna sapeva dei suoi sentimenti per Julie, ma nello stesso tempo si aprì a una piccola fiamma di speranza.

"Come puoi aiutarmi?" chiese Beatrix, cercando di mantenere la sua guardia alta nonostante l'attrazione che provava nei confronti di Esmeralda.

Esmeralda si avvicinò alle sbarre della cella e posò delicatamente una mano sulla guancia di Beatrix. "Posso darti le risposte che cerchi, posso liberarti da questa prigionia e portarti da Julie. Ma in cambio, ho bisogno della tua collaborazione. C'è una rivolta in corso all'interno di Harmony Prime, e abbiamo bisogno di te, di Julie e dei vostri amici per sconfiggere il male che si nasconde qui."

Beatrix rimase silenziosa per un attimo, contemplando l'offerta che Esmeralda le stava facendo. Era un rischio enorme, ma la prospettiva di riunirsi con Julie e di lottare per la libertà era troppo allettante per rifiutare e per pensare che fosse o non fosse una trappola.

"Va bene, sono disposta a collaborare", disse Beatrix con risolutezza. "

Esmeralda sorrise soddisfatta e annuì. "Hai fatto la scelta giusta...ecco il piano, disse con voce solenne. "Tra due giorni, gli scienziati di Harmony Prime ti somministreranno il composto che modificherà il tuo DNA. Ma quello che non sanno è che il composto in realtà è un antidoto e io ora sono qui proprio per confermare che il tuo corpo sta bene per riceverlo, per questo ti stanno curando. "Ma in realtà, sarà un antidoto."

Beatrix la guardò incredula, incapace di comprendere le parole di Esmeralda. "L'antidoto?" ripeté, cercando di elaborare l'informazione.

Esmeralda annuì. "Sì, l'antidoto. È fatto con le mie cellule, Beatrix. Ventiquattro anni fa, quando sono fuggita da questa pseudo città perfetta alla ricerca del villaggio segreto, ma non avendo nessun indizio con me non lo trovai, ero incinta di sette mesi e, durante la mia fuga nel bosco, le mie acque si sono rotte. Ho partorito mio figlio da sola, nel silenzio, giusto il tempo di sentirlo piangere e poi ho perso i sensi." Ed è lì che gli uomini di Harmony Prime mi trovarono e mi portarono via somministrandomi il cambiamento genetico e facendo esperimenti su di me, privandomi anche dei miei ricordi e di mio figlio.

Beatrix rimase senza parole, assorbita dalla storia di Esmeralda. Era incredibile scoprire che lei stessa era il risultato di quel particolare antidoto, unico nel suo genere. Ma perché Esmeralda le stava rivelando tutto questo ora?

"Perché mi stai dicendo tutto questo?" chiese Beatrix, con una voce che tradiva la confusione e il timore che la pervadevano.

Esmeralda posò una mano amorevole sulla guancia di Beatrix. "Perché, mia cara, abbiamo un legame speciale. Tu sei l'anello di congiunzione tra il nostro passato e il nostro futuro. Insieme, possiamo liberare gli altri e porre fine all'oppressione di Harmony Prime. Quello che ti aspetta è una sfida enorme, ma non sarai mai sola."

Beatrix rimase sbalordita dalla notizia. Non riusciva a credere che ci fosse un antidoto che potesse invertire le modifiche genetiche che l'organizzazione aveva imposto su di lei. Era una rivelazione sconvolgente che le offriva una speranza inaspettata. Ma come hai fatto a scoprire l'antidoto, Esmeralda?

Esmeralda proseguì "Gli anni passarono e dieci anni fa, una mattina, mentre scendevo le scale, caddi e rimasi in coma per due giorni. Al mio risveglio, i ricordi tornarono improvvisamente, come un fiume in piena. Mi ricordai di mio figlio, di Marcus, l'uomo che amavo, e che amo tutt'ora, anche se, pur non avendo avuto il coraggio di ribellarsi ad Harmony, mi aveva permesso di fuggire da sola. Ero grata per quella fuga che mi aveva regalato la libertà, ma allo stesso tempo sentivo un profondo dolore per la sua scelta di rimanere.

La mia mente era finalmente libera, ma il passato mi tormentava. Non potevo dimenticare le atrocità e le menzogne di Harmony Prime. Decisi che era giunto il momento di unirmi alla ribellione, di combattere per la libertà e per un mondo in cui l'amore e l'autenticità fossero degni di essere vissuti.

Così, un giorno con l'aiuto di un soldato infiltrato mi incamminai verso il villaggio segreto, fu lì che incontrai Hope, il capo del villaggio, che mi riconobbe immediatamente. Hope le raccontò di come fosse stata portata via subito dopo il parto dai soldati, privandola del suo bambino e che Hope aveva cresciuto al sicuro. Esmeralda si emozionò all'idea di avere un figlio di nome Alexander, un abile spadaccino di 14 anni. Le sembrava incredibile che avesse preso le doti del padre. Sai Beatrix, rimpiango di non averlo ancora trovato e mi auguro che stia bene, perché io continuo a sperare che non sia morto.

Con uno sguardo determinato, Esmeralda concluse: "E così ha inizio la mia storia di ribellione i collegamenti che abbiamo tutt'ora con Hope e mio figlio, e la mia ricerca contro la modifica del DNA che solo da poco si è confermata essere una mutazione genetica Mondiale.

Per questo nella vostra ultima missione, abbiamo avuto la conferma che stanno lavorando a qualcosa di molto più grosso. Mi dispiace che in tutto questo tu sia stata catturata. Ma per fortuna e grazie anche a voi, oggi, posso offrire la stessa possibilità a chiunque di guarire.

Comunque, Hargrave è mio marito, per questo so tante cose, lui crede ancora che io non ricordi nulla.

Beatrix, una volta, io, Marcus e Hargrave eravamo molto amici volevamo scappare da qui. Ma poi lui si innamorò di me, io lo rifiutai, dicendogli che non credevo all'amore, ma in segreto (perché l'amore era comunque proibito) stavo con Marcus. Da lì in poi lui cambiò totalmente, fino a voler diventare il Presidente che ora conosci, che odia l'amore e che vuole cancellarlo.

Le parole di Esmeralda colpirono Beatrix come un fulmine. Si rendeva conto che Esmeralda aveva sofferto più di quanto avessero fatto lei e Julie fino ad oggi e disse ad Esmeralda che:

Marcus è vivo, è uno dei nostri. Fa da padre a tutti noi ed è un uomo straordinario. Penso che abbia capito che Alexander è suo figlio, dalla maniera in cui lo guarda e un file che trovò e che nascose subito e ora ho capito il perchè." Gli occhi di Esmeralda si inumidirono per questa bellissima notizia, e con gratitudine abbracciò Beatrix.

Poi Beatrix, con determinazione, disse a Esmeralda: "Per favore, riferisci a Julie che sto bene, che sono viva e che l'attendo qui ad Harmony Prime, dove tutto finirà e che la amo tanto. Dille che non si preoccupi e che non deve rischiare la sua vita per venirmi a cercare. Abbiamo un piano, e presto saremo libere da questa prigione."

Esmeralda annuì, promettendo di trasmettere il messaggio a Julie, visto che un soldato in tarda mattinata sarebbe andato da Hope e che anche Esmeralda stessa, avrebbe avuto un incontro con tutti al villaggio, stasera. Le due donne si scambiarono un ultimo sguardo di sostegno e coraggio prima che la guardia entrasse nella cella, richiamando Esmeralda in laboratorio.

Con il cuore colmo di speranza e determinazione, Esmeralda si separò da Beatrix.

Esmeralda era determinata a portare avanti la ribellione, a salvare Beatrix e a sconfiggere l'oppressione di Harmony Prime. Mentre seguiva la guardia, il suo sguardo si rivolse indietro verso Beatrix, e le fece un bellissimo sorriso, sapeva che Beatrix non si sarebbe arresa. Era determinata a lottare per la sua libertà, per la libertà di Julie e per il futuro di tutti coloro che erano sotto il controllo di Harmony Prime.

Mentre la notte calava sulla sua cella, Beatrix si preparò mentalmente per le sfide che l'attendevano. Nonostante la paura e l'incertezza, era pronta a fare tutto il necessario per trovare un varco di fuga e riunirsi con i suoi alleati. La fiamma della ribellione bruciava ancora dentro di lei, alimentata dall'amore e dalla determinazione a salvare chi amava e a sconfiggere il male che li opprimeva, era pronta a sfidare ogni ostacolo e a sacrificarsi se necessario, perché sapeva che il suo amore per Julie e il suo impegno nella lotta contro Harmony Prime erano più forti di qualsiasi manipolazione genetica o controllo psicologico. La sua volontà rimaneva intatta, pronta a scatenare una rivolta che avrebbe cambiato il corso del destino di tutti.

Capitolo 17: "Tutti i nodi vengono al pettine"

L'aria del mattino era ancora fresca nel villaggio segreto quando Julie si svegliò, era ancora turbata dall'incubo che l'aveva tormentata durante la notte. Beatrix morta e Sofì come colpevole. Era un pensiero che le spezzava il cuore, non sapeva più cosa fare e cosa pensare e Beatrix le mancava terribilmente, non vedeva l'ora che Hope sistemasse le ultime cose per poter fare irruzione ad Harmony Prime e poi la sua ferita era anche in fase di guarigione. In mezzo a tutti questi pensieri decise di cercare Sofì, avvertendo il bisogno di condividere il suo dolore e porre fine a tutta questa tensione.

Trovò Sofì seduta, appena fuori dal villaggio, con lo sguardo perso nell'orizzonte. Julie si avvicinò con passo lento, fino a quando si trovò accanto a lei. " Ciao Sofì... era molto sorpresa nel vedere che Julie le si era avvicinata ma nello stesso tempo le chiese: So che stai soffrendo per quello che ti ho raccontato ma ti giuro che io... Julie non la fece fine e le disse: Ho avuto un terribile incubo stanotte, la voce intonata da una leggera trepidazione.

Sofì la guardò, riconoscendo l'angoscia nei suoi occhi. "Cosa è successo nel tuo sogno?" chiese con un tono preoccupato.

Julie raccontò dell'incubo in cui Beatrix veniva uccisa ad Harmony Prime e Sofì che controllava la vita di Julie, era la colpevole. Le parole uscivano tremolanti dalle labbra di Julie, mentre le lacrime iniziavano a solcare il suo viso. "Sofì, io... non so cosa pensare di te. Sono spaventata."

Sofì si voltò verso Julie, gli occhi pieni di sincerità. "Julie, devi credere in me. Non farei mai del male a te o a Beatrix. Ho deciso di lasciare Harmony Prime e il mio lavoro proprio perché non volevo più fare quello che stavo facendo. Io ti amo e non ti metterei mai in pericolo e non metterei mai in pericolo per i miei sentimenti, neanche Beatrix. Quell'incubo non è la realtà, è solo il frutto delle tue paure verso me." Julie fissò Sofì, cercando di capire se potesse davvero fidarsi delle sue parole. "Sofì, io ti conosco da abbastanza tempo e so quanto sei una persona buona ho visto il tuo dolore quando hanno preso Beatrix. Ma l'incubo mi ha spaventato così tanto... mi ha fatto dubitare ancora di più di tutto."

Sofì prese delicatamente le mani di Julie tra le sue, cercando di trasmetterle il calore della sua sincerità. "Julie, capisco che sia difficile per te, ma devi credere in noi. La nostra amicizia è reale e sincera. Non lasciare che l'incubo si insinui tra noi." Non mi abbandonare restami accanto.

Julie guardò intensamente Sofì negli occhi, cercando risposte. Alla fine, un sorriso di comprensione si dipinse sul suo viso. "Hai ragione, Sofì. Non posso permettere a un sogno di minare tutto quello che abbiamo costruito insieme e so che anche Beatrix direbbe le stesse cose."

Le due amiche si abbracciarono, sentendo la forza della loro connessione. Ma proprio quando sembrava che il momento potesse suggellare una nuova fase della loro amicizia, un silenzio imbarazzante si fece strada tra loro.

Sofì si morse il labbro, indecisa su cosa fare. Poi, con un misto di coraggio e paura, si avvicinò a Julie e le diede un bacio dolce e appassionato. Julie rimase immobile per un istante, presa alla sprovvista dalla mossa di Sofì.

Tuttavia, il bacio durò solo qualche secondo, poiché Julie si allontanò di scatto, il suo sguardo sorpreso. "Sofì... Io... Io amo Beatrix. Sono qui ora, proprio per lei per noi due. Ti voglio bene ma non come tu ne vuoi a me, mi dispiace.

Sofì abbassò lo sguardo, sentendo il peso della delusione. "Lo so, Julie.

Mi dispiace. È solo che... ho lasciato che l'emozione prendesse il sopravvento, che il mio cuore parlasse e poi era da tanto che volevo farlo con te da sveglia (le fece una linguaccia) scusami... Mi rendo conto che non posso sostituire Beatrix nel tuo cuore."

Le lacrime iniziarono a riempire gli occhi di Sofì, ma si sforzò di nasconderle a Julie. "Voglio solo che tu sia felice, Julie. Anche se il tuo cuore appartiene a un'altra persona, la tua amicizia è ancora molto preziosa per me."

Julie si avvicinò a Sofì e la abbracciò con affetto. "Sofì, so che mi hai baciata in riva al fiume... e forse anche io ho tante colpe per non aver affrontato la cosa fin da subito, ma non voglio perderti come amica. Siamo passate attraverso ha così tante cose insieme e non vorrei mai che la nostra amicizia si spezzasse.

Sofì si aggrappò all'abbraccio, cercando conforto nella loro connessione. "Grazie, Julie. Non sai quanto significhi per me."

Le due amiche si separarono, cercando di superare l'imbarazzo del momento. Era chiaro che la loro amicizia sarebbe stata messa alla prova, ma con la comprensione e la sincerità, entrambe speravano di preservarla.

Tuttavia, le loro menti erano ancora piene di domande e incertezze. Sofì, con gli occhi ancora umidi per il dolore e la delusione, camminava senza meta attraverso i sentieri del bosco. I suoi pensieri erano in tumulto, e il cuore pesante della recente rivelazione.

Mentre si addentrava nel bosco, Sofì vide Siria seduta su una roccia, persa nei suoi pensieri era ancora più bella. Siria per me è sempre stata una compagna fedele, sempre presente per ascoltarmi e sostenermi. Senza pensarci due volte, Sofì si avvicinò a lei e si lasciò cadere accanto a lei.

Le lacrime continuarono a scendere dagli occhi di Sofì mentre raccontava tutto ciò che era successo con Julie e l'incubo che aveva tormentato la sua mente. Siria ascoltava attentamente, stringendo la mano di Sofì, sentiva la sofferenza di Sofì che le si stringeva nel petto. Le sue stesse emozioni si intrecciavano con quelle dell'amica, creando un legame ancora più profondo tra di loro.

Senza dire una parola, Siria avvolse Sofì in un abbraccio caldo e protettivo. Sentì il bisogno di consolarla, di alleviare il suo dolore. Poi, delicatamente, si portò vicino al viso di Sofì e le asciugò le lacrime con le dita.

In quell'istante, il tempo sembrò fermarsi. Sofì guardò Siria negli occhi, leggendo l'amore e la compassione che le si riflettevano. Un'energia intensa e innegabile pulsava tra loro. Senza più resistere, Siria, si lasciò andare all'attrazione che provava per Sofì da quando la vide la prima volta e dentro di lei sapeva che la stessa cosa era stata per Sofì. Siria si avvicinò a lei per un dolce bacio.

Le loro labbra si unirono in un abbraccio di passione e comprensione. Era un momento di intimità e di consolazione reciproca, un modo per dimenticare momentaneamente il dolore e lasciarsi trasportare dal desiderio.

Le carezze si fecero più intense e i loro corpi si avvicinarono sempre di più, unendosi in una danza delicata e appassionata. L'emozione e il calore del momento erano una fuga dalla realtà, un modo per trovare conforto e solitudine l'una nell'altra.

Nel dolce abbraccio dell'amore, Sofì e Siria si lasciarono andare all'intensità dei loro sentimenti. Si scoprirono a vicenda, esplorando ogni sfumatura del piacere e dell'intimità. Ogni carezza, ogni bacio era un modo per rafforzare la loro connessione e per dimenticare per un momento il dolore e l'incertezza che li circondava.

Dopo aver vissuto quell'intenso momento di intimità, Sofì e Siria si guardarono negli occhi, sorridendo. Non c'erano parole da dire, solo un profondo sentimento di comprensione e di accettazione reciproca.

Si abbracciarono ancora una volta, ma tuttavia, sapevano che quella fugace unione non avrebbe cambiato le loro situazioni complicate. Sofì amava ancora Julie e Siria sapeva che doveva darle tempo per avere di più e iniziare una vita insieme. Si lasciarono andare a un'ultima carezza e si separarono con la promessa di un'amicizia ancora più profonda.

Mentre Sofì si allontanava, lasciando Siria sola con i suoi pensieri, sapeva che la sua storia di ribellione non aveva ancora trovato una conclusione. C'era ancora tanto da affrontare, da scoprire e da proteggere. Ma ora, con un po' di consolazione nel cuore, si sentiva pronta a continuare la sua lotta contro la modifica del DNA e affrontare Harmony Prime per la libertà di tutti.

Capitolo 18: "L'Alleanza Inaspettata"

Il sole era già alto nel cielo mentre il soldato, incaricato di trasmettere un messaggio cruciale, si dirigeva verso il villaggio segreto. Il suo volto era serio e determinato, consapevole dell'importanza della missione che gli era stata affidata. Attraversando sentieri boschivi e superando ostacoli, il soldato si avvicinava sempre di più al suo obiettivo.

Una volta arrivato al villaggio segreto, si recò immediatamente da Hope, il capo della comunità. Gli raccontò, che Beatrix aveva accettato di guidare la ribellione dall'interno, gli raconto che fra 2 giorni le avrebbero modificato il DNA e cancellato i ricordi, ma grazie all'aiuto di Esmeralda, le sarebbe stato somministrato l'antidoto al posto del composto. Era fondamentale che Hope fosse a conoscenza di tutto e ora doveva prendersi cura del messaggio che il soldato portava con sé per Julie da parte di Beatrix.

Hope ascoltò attentamente le parole del soldato e comprese l'urgenza della situazione. Si assicurò che il messaggio per Julie fosse consegnato, promettendo di fare tutto il possibile per proteggere tutti noi e sconfiggere Harmony Prime. Con un cenno del capo, il soldato si allontanò per prepararsi al suo ritorno ad Harmony Prime e consegnare tutto a Esmeralda.

Nel frattempo, Hope cercò Julie per consegnarle il messaggio tanto atteso. Quando finalmente riuscì a trovarla, le porse la lettera di Beatrix con delicatezza e le disse anche di avvisare i suoi compagni per una riunione tra un'ora. Julie, con gli occhi pieni di speranza e apprensione, afferrò il foglio e lesse le parole scritte dalla sua amata. Un sorriso si dipinse sul suo viso, mentre un senso di sollievo e determinazione la invase.

"Julie, io sto bene. Andrà tutto bene. Fidati di me" avremo il futuro che abbiamo sempre sognato, ti amo come solo tu sai.

Queste erano per forza le parole di Beatrix, ciò che le ripeteva da sempre, ho sempre creduto che lei fosse ancora viva, che stava bene e finalmente l'avrei riavuta al mio fianco. Julie sentì un nodo in gola sciogliersi e un calore avvolgerle il cuore. Julie si affrettò verso Sofì, il cuore colmo di gioia per la lettera di Beatrix e per le parole che aveva appena letto. Senza fiato, raggiunse la sua amica e, con un sorriso radioso, le raccontò dell'incredibile messaggio di speranza. "Beatrix è viva, Sofì! Sta bene e siamo ancora uniti in questa missione. Andrà tutto per il meglio, lo sento!" Sofì non poté fare altro che abbracciare Julie, condividendo la sua gioia e il senso di speranza che la lettera aveva riportato nelle loro vite.

Dopo l'abbraccio, Sofì si lasciò andare a una confessione intima. "Julie, stamattina dopo che ci siamo lasciate ho fatto l'amore con Siria, non ti racconto tutto questo per farti ingelosire o per farti dubitare di quello che provo per te.

Voglio condividerti tutto questo perché in queste ore, mi sono resa conto che ciò che provavo per te non era vero amore, ma una profonda ammirazione, ti ho sempre ammirata nelle nostre battaglie e dal mio lavoro, tu sei più forte di quel che credi e io avrei voluto essere come te, volevo un amore come il tuo, che mi desse il coraggio di scappare da Harmony Prime come avevi deciso tu, un amore che mi facesse sentire viva e completa.

E Siria in questo ultimo mese, mi ha aspettata per tutto questo tempo, ha rispettato i miei sentimenti verso di te e mi ha amata fin dalla prima volta che mi ha vista.

Mi ha fatto apprezzare una nuova me stessa che non pensavo esistesse ed è in lei che forse ho trovato quel coraggio e quella pace che cercavo. Ma se ho capito tutto questo è anche merito tuo e ti voglio un bene che non immagini e ti sarò grata a vita.''

Julie guardò Sofì con un sorriso comprensivo e amorevole. Le prese dolcemente le mani e disse: "Sofì, sono felice per te. Il tuo cuore ha trovato la sua strada, mi riempie di gioia sapere che hai trovato ciò che cercavi, in Siria. Il nostro legame è e sarà, profondo e indissolubile, e la tua felicità è anche la mia. ''

''Ti sosterrò sempre'' e come ultimo omaggio, le regalò una spilla ma non una spilla piccola, ma grande, a forma di un fiore, il primo fiore che Beatrix regalò a Julie, il fiore veniva chiamato: un amico del sole, questi fiori durante il giorno si aprono e di sera si chiudono.''

Sapeva quanto Julie adorava il colore viola, il sole ed era anche misteriosa come la notte. Quello era stato un regalo giustissimo per lei.

"Sai Sofì, l'ho sempre considerato il mio portafortuna e spero che lo sia anche per te, anche se ci conosciamo, da soli 5 mesi anzi io da 5 mesi (e risero assieme) ti ho sempre considerato come una sorella. Ora è tua e gliela mise sul cuore".

Le due amiche si abbracciarono ancora, unendo le loro anime e i loro sentimenti in quel momento di comprensione e accettazione reciproca. Julie era grata per l'amore che Sofì aveva sempre riversato su di lei e si sentiva fortunata ad avere un'amica così speciale al suo fianco.

Julie e Sofì riunirono tutti intorno a Hope, ascoltando con attenzione le sue parole. Hope spiegò che tra due giorni a partire da domani il piano di Harmony Prime e del presidente Hargrave era quello di somministrare a Beatrix la modifica del DNA che avrebbe cancellato anche i suoi ricordi, in modo da far uscire Julie e tutti noi allo scoperto, ma grazie a un'agente infiltrata, molto speciale di nome Esmeralda, avrebbero potuto somministrare l'antidoto a Beatrix. Intanto Marcus pensò: Esmeralda? La mia Esmeralda? Era ancora viva? Dopo la riunione avrebbe parlato con Hope.

Esmeralda è una scienziata che lavora con noi da dieci anni, in questo villaggio solo io e Alexander eravamo gli unici a conoscere il suo ruolo cruciale nella missione e non perché non mi fidassi di voi, ma lei è la moglie del Presidente e quindi la persona più vicina a lui per smascherare il suo piano e Alexander è suo figlio.

Sono 10 anni che studiamo l'antidoto, quando voi, Julie, Beatrix, Emma, Marcus e Gabriel siete arrivati al villaggio io stavo tornando proprio da una missione cruciale ed era l'incontro con Esmeralda per gli ultimi sviluppi. Vi abbiamo mandato nella fabbrica abbondonata per recuperare gli ultimi file, per far si che l'antidoto potesse anche essere sparso in aria, nei fiumi e nei mari oltre che introdotto in vena, e penso che ce ne sarà bisogno, visto che... abbiamo scoperto che il piano è a livello Mondiale.

Anche se ciò ha portato al rapimento di Beatrix, siamo arrivati alla soluzione definitiva e modifica dell'antidoto in questo senso. Se ne stava occupando Esmeralda ad Harmony Prime, perché è la scienziata più importante dello Stato e solo in città hanno le macchine più moderne per progettare tutto in pochissimo tempo ma anche perché l'antidoto esiste grazie a Esmeralda. Lei dieci anni fa è guarita da sola, ha recuperato i suoi ricordi e da lì ha iniziato la sua ricerca per trovare l'antidoto adatto a tutti ed è solo grazie anche al suo sacrificio di stare con un uomo come Hargrave che non ama, che oggi abbiamo tutte queste informazioni.

"Sarà Esmeralda stasera a portare l'antidoto al villaggio segreto", annunciò Hope con sicurezza. "Ora abbiamo il dovere di proteggere Beatrix e di preservare la sua identità, ve l'avevo detto, fidatevi di me.

Ora potete riposarvi e attendere Esmeralda, ma da domani voglio, tutti in piedi all'alba per continuare l'addestramento e per parlare del piano che metteremo in atto per riconquistare la nostra libertà. Un urlo di felicità scoppiò al villaggio segreto.

Julie si sentì sollevata nell'apprendere che c'era un piano per proteggere Beatrix e per preservare la loro lotta per la libertà. Era grata ad Esmeralda per il suo ruolo vitale e sperava che tutto andasse come previsto.

Si rivolse a Sofì, cercando un po' di conforto. "Sofì, siamo così vicini alla fine di questa battaglia. Possiamo farcela, insieme a Beatrix e a tutti gli altri. Questo è il momento di dimostrare la nostra forza e la nostra determinazione. Siamo i custodi della libertà, e non permetteremo a

Harmony Prime di distruggere tutto ciò per cui abbiamo lottato."

Sofì annuì, con gli occhi brillanti di determinazione. "Hai ragione, Julie. Non ci arrenderemo mai! Saremo al fianco di Beatrix in questa lotta, pronti a difenderla e a proteggerla. E insieme, troveremo il modo di sconfiggere Harmony Prime."

Con un senso di unità e di speranza, il gruppo si preparò per l'arrivo di Esmeralda e per il momento cruciale che avrebbe segnato il destino di tutti loro. Si affidarono alla fiducia reciproca e al coraggio, pronti ad affrontare ciò che sarebbe venuto.

Capitolo 19: "Esmeralda si rivela ai ribelli"

Prima dell'arrivo di Esmeralda. Nell'atmosfera tesa del villaggio segreto, si riunirono Marcus, Hope, Alex, Julie, Sofi, Emma, Siria e Gabriel. Marcus prese una profonda boccata d'aria, sentendo il peso delle parole che stava per pronunciare. Finalmente era arrivato il momento di rivelare la verità, di mettere fine ad anni di segreti e incertezze.

Con voce calma, Marcus iniziò a raccontare la storia di Esmeralda e di come si erano conosciuti. Spiegò che erano sposati e che Alexander era il frutto di quell'amore. Rivolse lo sguardo ad Alexander, le lacrime bagnarono i suoi occhi, e gli disse con voce tremante: "Sei il frutto della nostra unione, Alexander. Sono orgoglioso di te, di ciò che sei diventato" che al contrario di me non sei un codardo.

Julie, Sofi, Siria, Emma e Gabriel ascoltavano attentamente, i loro cuori pulsanti di emozione e sorpresa. Finalmente tutto aveva un senso, i legami tra i personaggi si rivelavano ancora più profondi di quanto avessero mai immaginato.

Marcus proseguì, spiegando il motivo per cui Esmeralda era scappata da Harmony Prime quando era incinta di sette mesi. Avevano entrambi compreso la gravità del regime di Harmony Prime, ma Marcus, non volendo opporsi, aveva causato la rottura della loro famiglia, facendo scappare Esmeralda da sola. Da allora, non aveva più avuto notizie di Esmeralda e Alexander, fino a oggi.

Le lacrime rigavano il viso di Marcus mentre parlava, sentendo il peso del rimorso e del desiderio di riscatto. Rivolgendosi a Hope e Alexander, Marcus disse con voce tremante: "Mi dispiace, mi dispiace per tutto quello che tutti voi avete passato, io ero così giovane e non ho avuto il coraggio che ha oggi mio figlio per ribellarsi, il coraggio che hanno avuto i miei amici. Spero che possiate trovare la forza di perdonarmi".

Hope guardò Marcus negli occhi, una miscela di dolore e comprensione si lesse nel su suo volto. Lentamente, si avvicinò e posò una mano sulla sua guancia. "Il passato è passato, Marcus. Siamo qui per il futuro, per cambiare le cose e costruire un mondo migliore. Siamo una famiglia e tutti noi insieme possiamo farcela".

Un silenzio solenne si diffuse tra loro, i cuori erano pieni di emozione e speranza. Marcus e Hope si abbracciarono, lasciando che le lacrime scorressero liberamente, mentre Alexander si univa al loro abbraccio familiare e dicendo: "tu sei mio Padre e non ti biasimo per il passato, l'importante che oggi sei qui con noi e con me, per conoscerci finalmente".

Julie, Sofì, Siria, Emma e Gabriel guardarono la scena commossi, comprendendo l'importanza di quel momento di riconciliazione e di unità. Era il segno che insieme avrebbero affrontato la sfida di Harmony Prime, portando avanti la causa della libertà e della giustizia.

Da quel momento in poi, Marcus, Hope, Alexander, Julie, Sofì, Siria, Emma e Gabriel si unirono come una famiglia, pronti a fronteggiare qualsiasi ostacolo sulla strada verso la liberazione. Insieme, avrebbero scritto un nuovo capitolo nella storia dei Custodi della Libertà, un capitolo di coraggio, amore e speranza.

Finalmente era sera ed Esmeralda si avvicinò al villaggio segreto con passo sicuro, i suoi occhi brillavano di determinazione e speranza. La folla di ribelli era in trepidante attesa, e quando finalmente la videro, un applauso scrosciante si levò nell'aria.

Julie, Sofì, Siria, Gabriel ed Emma si fecero largo tra la folla per accogliere Esmeralda. Julie l'abbracciò calorosamente, gli occhi lucidi di gioia. "Esmeralda! Siamo così felici di vederti e vorrei ringraziarti dal profondo del cuore, ma...scusami se sembro egoista, come sta Beatrix?", chiese con ansia.

Esmeralda sorrise, posando una mano sulla spalla di Julie. "Beatrix sta bene Julie, è molto coraggiosa. Mi ha detto di dirti che ti manda un abbraccio e un bacio. Ha fiducia in te e sa che riuscirete a portare a termine questa missione", disse dolcemente.

Sofì si unì all'abbraccio di Julie ed Esmeralda, il suo viso risplendeva di gioia. "Sapevo che Beatrix sarebbe stata al sicuro. Grazie, Esmeralda, per averla protetta e per aver portato l'antidoto", disse commossa.

Gabriel si avvicinò, stringendo la mano di Esmeralda con gratitudine. "Sei un'eroina, Esmeralda. La tua storia ci ha ispirato e alimentato la nostra speranza. Siamo pronti a combattere per la libertà", disse con determinazione.

Emma e Siria si unirono al gruppo, abbracciando Esmeralda con forza. "Non riusciamo nemmeno a immaginare cosa hai passato, Esmeralda. Grazie per averci salvati, per averci dato un'opportunità di ribellarci e di lottare per un futuro migliore", disse con gratitudine sincera.

Esmeralda sorrise, sentendo il calore dell'affetto e dell'amicizia che emanava da quel gruppo di ribelli coraggiosi. "Non c'è bisogno di ringraziarmi. Siamo tutti insieme in questa lotta, e insieme possiamo cambiare il corso della storia. Abbiamo bisogno di ogni singolo membro di questa famiglia", disse con voce determinata.

I quattro ribelli annuirono, sentendo il peso delle parole di Esmeralda. Era il momento di agire, di portare l'antidoto a Beatrix e liberarla dalla minaccia dei regimi di modifica del DNA. Si guardarono negli occhi, rinnovando il loro impegno e la loro determinazione.

Marcus si ritirò in disparte, lasciando che la folla di ribelli circondasse Esmeralda che da lontano lo vide e gli sorrise. Era un momento di gioia e commozione, e poteva sentire il calore dell'amore e della gratitudine che emanava da ogni abbraccio e sorriso. Osservava con occhi lucidi la sua amata Esmeralda, finalmente ritrovata dopo tanto tempo. Era incredibile come il tempo potesse passare, ma il legame tra loro rimanere indissolubile.

Poco dopo, Esmeralda si separò dagli abbracci affettuosi e si avvicinò a Marcus con un sorriso radioso sul viso. Si guardarono intensamente, senza bisogno di parole per comunicare l'amore che provavano l'uno per l'altro. Si abbracciarono forte, stringendosi come se non volessero lasciarsi mai più.

Marcus sussurrò dolcemente all'orecchio di Esmeralda: "Ti ho cercata per anni, ho temuto di averti persa per sempre. Ma ora che sei qui, nel mio abbraccio, tutto sembra tornare al suo posto". Scusa se stai vivendo accanto a un uomo così orribile. Ti porterò via da lì.

Esmeralda si lasciò andare alle lacrime, liberando tutto il peso e la sofferenza accumulati durante la loro separazione. "Anche io ti ho cercato, Marcus. Ho attraversato tante sfide, ma ho sempre avuto la tua immagine nel mio cuore. Non avrei mai smesso di cercarti". E vivere accanto ad Hargrave è un sacrificio che sono disposta a compiere se posso liberarvi tutti. Ora che so che sei vivo sarà tutto più facile.

Si guardarono negli occhi, immergendosi nel profondo amore che li legava. Marcus accarezzò delicatamente il viso di Esmeralda, assaporando la dolcezza del momento. "Siamo una famiglia, Esmeralda. Non ci separeremo mai più. Insieme affronteremo ogni battaglia e costruiremo un futuro migliore per tutti noi.

Esmeralda annuì, un bagliore di determinazione nei suoi occhi. "Sì, Marcus, siamo forti insieme. Non importa quali ostacoli si frappongano sulla nostra strada, li supereremo. Abbiamo una missione, una causa che ci guida. Dobbiamo proteggere la libertà e la dignità di ogni individuo".

Mentre si tenevano per mano, Marcus ed Esmeralda si avvicinarono al gruppo riunito di ribelli. Julie, Sofì, Sira, Emma e Gabriel li accolsero con sorrisi affettuosi e abbracci calorosi. Era un momento di unità, di condivisione di un destino comune.

Esmeralda si avvicinò ad Alexander, loro figlio. Lo abbracciò teneramente, sussurrandogli parole di amore e incoraggiamento. "Proteggi tuo Padre, il villaggio e te stesso piccolo guerriero. Siamo una famiglia e torneremo presto insieme. Alexander l'abbracciò fortissimo, grazie Mamma ti voglio bene e stai attenta.

Julie si avvicinò a Esmeralda, l'ansia e l'attesa dipingevano il suo volto. Esmeralda prese la sua mano e la guardò negli occhi con determinazione. "Julie, proteggerò Beatrix con la mia vita. Ti prometto che staremo tutti insieme. Non temere, la vostra famiglia sarà di nuovo riunita".

Con un ultimo sguardo carico di amore e fiducia, Esmeralda lasciò l'antidoto agli infermieri del villaggio e si allontanò dai suoi cari. Dirigendosi verso l'uscita del villaggio segreto. Ogni passo che compiva era un atto di coraggio e dedizione alla causa che amava.

Mentre si avvicinava al confine del villaggio, Esmeralda si nascose tra gli alberi per evitare di essere vista. La sua mente era concentrata su Harmony Prime, sulle sfide che l'attendevano e sulla missione che doveva portare a termine.

Raggiunto il punto di partenza, Esmeralda prese una profonda inspirazione e si avventurò nel buio, verso il suo passato. Sapeva che il Presidente sarebbe stato impegnato nella riunione sul cambiamento genetico, ma non poteva permettersi di destare sospetti.

Mentre si allontanava, si sentiva divisa tra l'amore che aveva lasciato dietro di sé e l'urgenza di portare a termine la sua missione. Sapeva che il tempo stringeva e che il destino di Beatrix e di tanti altri era nelle sue mani, sentiva il peso del suo ruolo e l'importanza della sua missione. Il futuro di Harmony Prime e delle persone che amava dipendeva da lei. Doveva essere forte, determinata e pronta ad affrontare ogni ostacolo.

Con il cuore colmo di speranza e determinazione, Esmeralda si incamminò verso il suo destino. Non avrebbe mai smesso di lottare per la libertà e per un mondo in cui ogni individuo potesse vivere senza paura.

Capitolo 20: "La Strategia dell'Infiltrazione"

Il sole illuminava il villaggio segreto mentre i ribelli si riunivano per discutere della strategia per infiltrarsi ad Harmony Prime. Era un momento cruciale e tutti erano determinati a portare avanti la missione con successo.

Hope si alzò in piedi, attirando l'attenzione di tutti. "Compagni ribelli, siamo giunti a un punto critico. Dobbiamo elaborare una strategia per entrare ad Harmony Prime e mettere fine al loro regime oppressivo. Abbiamo bisogno di precisione, coordinazione e coraggio. Ecco il nostro piano."

Hope iniziò a spiegare il piano nel dettaglio, coinvolgendo ogni membro del gruppo nel ruolo che avrebbe svolto. "Julie, tu sarai la nostra infiltrata principale assieme a Marcus. Con la tua abilità nel mimetizzarti tra la folla e il tuo ingegno, sarai in grado di passare inosservata e raccogliere informazioni cruciali."

Julie annuì, sentendo il peso della responsabilità sulle sue spalle. Farò del mio meglio, Hope. Non ti deluderemo.

Sofì si alzò, il suo sguardo determinato. "Io e Siria saremo la squadra di supporto di Julie. La copriremo e la proteggeremo durante la sua missione. Siamo pronte a fare tutto ciò che serve per raggiungere il nostro obiettivo."

Siria annuì, pronta ad affrontare qualsiasi sfida. "Julie, siamo con te. Non ti lasceremo mai sola."

Hope indicò poi Gabriel ed Emma. "Voi due sarete i responsabili di creare un diversivo all'esterno di Harmony Prime per distogliere l'attenzione dei loro soldati. Dovrete essere veloci ed efficienti."

Gabriel si sfregò le mani, entusiasta dell'azione imminente. "Ci prenderemo cura di tutto, Hope. Faremo in modo che i soldati non abbiano tempo di reagire."

Emma annuì, pronta a mettere in atto il loro piano di distrazione. "Sarà un piacere tenerli occupati mentre gli altri completano la missione."

Hope si rivolse infine ad Alexander. "Alex, tu sarai il nostro occhio nell'ombra. Dovrai trovare un punto strategico per osservare e monitorare le attività all'interno di Harmony Prime. Ci fornirai informazioni in tempo reale."

Alexander si alzò, fiero di poter contribuire in modo significativo alla causa. "Farò tutto il possibile per fornirvi le informazioni necessarie. Non deluderò la fiducia che avete riposto in me."

Hope sorrise, guardando il gruppo riunito. "Siamo una squadra formidabile. Ognuno di noi ha un ruolo cruciale in questa operazione. Dobbiamo rimanere uniti e fidarci l'uno dell'altro. Il nostro obiettivo è la libertà, e insieme possiamo raggiungerla."

I ribelli si guardarono negli occhi, con il fuoco della determinazione che bruciava dentro di loro. Erano pronti ad affrontare ogni ostacolo per raggiungere la loro meta.

avrebbe visto i ribelli prepararsi per l'infiltrazione, mettendo a punto gli ultimi dettagli del loro piano e concentrandosi sulla precisione delle azioni. Ogni personaggio avrebbe svolto il suo ruolo con dedizione, spingendosi oltre i propri limiti per il bene comune. L'unità del gruppo e la fiducia reciproca sarebbero state le fondamenta della loro riuscita.

Mentre i ribelli si preparavano per l'infiltrazione ad Harmony Prime, l'atmosfera nel villaggio segreto era carica di eccitazione e tensione. Ciascun membro del gruppo si stava preparando mentalmente e fisicamente per affrontare la missione rischiosa che avevano di fronte.

Julie si isolò in un angolo, concentrando la sua mente sulle strategie di infiltrazione che avevano discusso. Ripassò mentalmente ogni passo, immaginando di aggirarsi tra le strade di Harmony Prime senza sollevare sospetti. Sapeva che il suo ruolo era cruciale e non poteva permettersi di commettere errori.

Sofì si avvicinò a Julie, vedendo la tensione nel suo sguardo. Posò una mano sulla sua spalla e le disse con dolcezza: "Julie, sei pronta per questo. Hai l'intelligenza e il coraggio per portare a termine questa missione. Ricorda che siamo tutti con te, e non ci lasceremo mai indietro."

Julie sorrise, apprezzando il sostegno di Sofì. "Grazie, Sofì. Senza di voi non avrei la forza di farlo. Siamo una squadra, e insieme possiamo finalmente essere liberi di essere noi stessi e liberi di amare.

Gabriel ed Emma, nel frattempo, stavano preparando il diversivo esterno. Raccoglievano le attrezzature necessarie, studiando attentamente la pianta di Harmony Prime per identificare i punti deboli. Erano determinati a creare abbastanza confusione da distogliere l'attenzione dei soldati dal vero obiettivo del gruppo.

Mentre Gabriel verificava le sue armi, Emma si avvicinò e gli lanciò un sorriso complice. "Siamo sul punto di dare il colpo finale a Harmony Prime. Sei pronto per il nostro momento di gloria?"

Gabriel sorrise, una scintilla di eccitazione nei suoi occhi. "Assolutamente. Non vedo l'ora di vedere la reazione di quei soldati quando li prenderanno alla sprovvista. Sarà epico!"

Nel frattempo, Alexander era intento a preparare il suo equipaggiamento di sorveglianza. Aveva studiato attentamente gli schemi di Harmony Prime e aveva individuato il punto migliore da cui osservare e raccogliere informazioni cruciali. Era consapevole della responsabilità che gli era stata affidata e si sentiva determinato a fornire il supporto necessario al resto del gruppo.

Hope si unì a lui, offrendo una mano per organizzare gli strumenti. "Alexander, tu sei la nostra chiave per ottenere informazioni vitali su ciò che accade all'interno di Harmony Prime. Abbiamo fiducia in te. Sarai il nostro occhio nel mezzo della tempesta."

Alexander annuì, riconoscendo l'importanza del suo ruolo. "Farò tutto il possibile per fornirvi le informazioni necessarie. Non deluderò nessuno di voi."

Mentre il gruppo si preparava per l'infiltrazione, l'energia e la determinazione nel villaggio segreto erano palpabili. Tutti erano consapevoli della pericolosità della missione, ma nutrivano anche la speranza di un futuro migliore, libero dal giogo oppressivo di Harmony Prime. Era un momento di prova per i ribelli, ma anche una dimostrazione della forza della loro unità e della loro volontà di lottare per la libertà.

Julie prese la parola, esponendo gli ultimi dettagli e incitando tutti a dare il massimo di sé stessi.

"domai sera sarà il giorno in cui cambieremo il corso della storia. Siamo i custodi della libertà, e insieme possiamo abbattere le catene che ci imprigionano. Rimaniamo uniti, fidandoci gli uni degli altri, e ci riusciremo.

Infine, si addestrarono duramente, affinando le loro abilità di combattimento e consolidando la loro unità. Le parole di Esmeralda risuonavano nelle loro menti, alimentando la fiamma della speranza e della ribellione.

La notte scendeva dolcemente sul villaggio segreto, avvolgendo ogni angolo di una magica tranquillità. Emma e Gabriel, mano nella mano, si avventurarono per le strade deserte del villaggio, i loro passi leggeri e silenziosi. Il calore delle luci che emanavano dalle case e l'aria fresca della notte creavano un'atmosfera intima e romantica. I loro sorrisi erano illuminati dalle stelle che brillavano nel cielo.

Sofì e Siria, invece, trovavano conforto l'una nelle braccia dell'altra. Si erano ritirate in un angolo appartato, lontane dagli sguardi indiscreti, immerse in una conversazione intima e profonda. I loro occhi si incontravano e comunicavano senza bisogno di parole, trasmettendo tutto l'amore e la complicità che le legava.

Nel frattempo, Marcus si trovava seduto su una panchina solitaria, il suo sguardo perso nell'orizzonte. Nella tranquillità della notte, i suoi pensieri si riempivano di ricordi di Esmeralda, la sua amata moglie. Si chiese se sarebbe andato tutto bene per poterle dire ancora, che l'amava e quanto aveva sofferto per la loro separazione.

Ma la speranza era ancora viva nel suo cuore, e sapeva che avrebbe fatto di tutto per porre fine a questa guerra, mentre guardò anche suo figlio Alexander e alcuni dei giovani del villaggio che si riunirono in un angolo, condividendo risate, scherzi e storie. Alexander si mostrava fiero del suo addestramento come spadaccino e dimostrava la sua abilità nel maneggiare la spada. Il suo coraggio e la sua determinazione erano evidenti in ogni movimento, e i suoi occhi brillavano di orgoglio.

Infine, Julie si sedette sul ciglio di un ponte, osservando il fiume che scorreva silenziosamente sotto di lei. Le sue emozioni erano un mix di ansia e determinazione. Finalmente, dopo settimane di attesa e preparazione, aveva la possibilità di rivedere Beatrix e salvarla dal terribile destino che l'attendeva ad Harmony Prime. Una luce di speranza si accese nel suo cuore, dando forza alla sua determinazione.

La notte si trascinava lentamente, portando con sé la promessa di un nuovo giorno. I personaggi si immergevano in riflessioni personali, desiderosi di realizzare il loro scopo e di raggiungere il lieto fine che tanto speravano. Nel silenzio della notte, ciascuno di loro trascorreva le ore finali prima del grande scontro, pronti a mettere tutto in gioco per la libertà e per il bene di coloro che amavano.

E così, tra pensieri, sorrisi e desideri, l'ultima notte al villaggio segreto si consumò, lasciando spazio alla speranza e alla determinazione che avrebbero guidato i nostri eroi verso il loro destino. La mattina successiva tutti i tremila ribelli del villaggio segreto sarebbero stati pronti per rivedere il piano per affrontare Harmony Prime, riunirsi con Beatrix e riscrivere il corso della storia per essere finalmente liberi.

Anche ad Harmony Prime era calata la notte avvolgendo la città in un velo di oscurità. Esmeralda, determinata e coraggiosa, si avventurò furtivamente nei labirinti dei corridoi del complesso governativo. Ogni passo era calcolato, ogni movimento preciso, mentre cercava di evitare le guardie che sorvegliavano attentamente l'area.

Finalmente, raggiunse la cella in cui Beatrix era tenuta prigioniera. La vista di Beatrix, vulnerabile ma ancora forte, le fece stringere il cuore. Esmeralda si avvicinò con passo deciso e le prese delicatamente le mani tra le sue.

"Beatrix, sono qui per te", sussurrò Esmeralda con voce tremante. Sono stata al Villaggio ieri per avvisare tutti di quello che ti avrebbero "fatto" e del nostro piano. E sappi che non devi preoccuparti, sarai al sicuro con me, con i ribelli di questa città che non vedono l'ora di conoscerti, e soprattutto con Julie. Che assieme a Hope sta organizzando la rivolta per domani notte". Beatrix:

"come stanno i miei amici? E Julie ha avuto la mia lettera?" Esmeralda: "stanno tutti bene, non vedono l'ora di riabbracciarti, soprattutto Julie, quella ragazza per te attraverserebbe il deserto. Siete il nostro simbolo Beatrix".

"Noi vi osservavamo da sempre, sapevamo tutto di voi e vedervi così decise a sfidare il Mondo pur di amarvi, in questi anni, è stato come collegarci al nostro IO interiore. Noi esseri umani dimentichiamo di come l'amore ci possa salvare ogni giorno. L'amore in generale deve essere sempre difeso e protetto, è arrivato il momento di dire basta a tutto questo odio che abbiamo vissuto fino ad ora! Sei pronta Beatrix a riscrivere la storia?"

Beatrix guardò Esmeralda con un misto di gratitudine, ammirandola per la donna forte che è, e con speranza verso il futuro. Era grata per il suo intervento e per il coraggio che aveva dimostrato nel tornare per lei. "Si Esmeralda sono pronta, sono ansiosa di riacquistare la libertà e lottare per un futuro migliore e soprattutto con voi al mio fianco so di potercela fare e ringrazio l'universo per avermi fatto conoscere Julie, se sono così oggi è grazie a lei e io non so come ringraziarti", disse

Beatrix commossa. "Hai rischiato la tua vita per me. Non dimenticherò mai questo gesto."

Esmeralda sorrise dolcemente. "Beatrix, tu sei la nostra guida, il nostro faro di speranza. Non potevo lasciarti sola. Quando verranno a prenderti per il cambiamento genetico, riceverai l'antidoto al posto della mutazione. E così come già ti avevo detto, sarai immune agli effetti distruttivi che il regime ha pianificato per te, dopo circa un'ora verificheranno se è tutto a posto e anche lì avranno dei risultati falsi, grazie ai due scienziati che all'inizio vi hanno dato dei suggerimenti per poter fuggire da qui. Li avevano catturati e torturati per farsi dire dov'eravate dirette, ma non hanno mai ceduto e quindi hanno deciso di somministrare a entrambi il cambiamento genetico, ma anche a loro è stato somministrato l'antidoto e ora ci aiuteranno con te, così nessuno sospetterà niente".

Beatrix annuì, un barlume di speranza illuminava i suoi occhi. "Grazie, Esmeralda. Grazie per avermi dato una possibilità di lottare, ma dopo cosa mi faranno? mi ricollocheranno?"

Esmeralda: "Si Beatrix più o meno, tu dovrai fingere di non sapere niente di questi ultimi mesi, i soldati ti riporteranno a casa tua addormentata, ti rimetteranno a letto, ma stai attenta perché avrai le telecamere anche in casa; quindi, ti alzerai e farai esattamente quello che facevi prima. Poi mi farò viva io fuori dalla palestra.

Dovremmo andare nei sotterranei della città e lì ti presenterò il gruppo ribelli di Harmony Prime e ti spiegheremo il piano per l'ultima battaglia verso la verità e la libertà". Beatrix annuì e disse: "wow è pianificato tutto in modo impeccabile te ne sarò grata a vita".

Le due donne si abbracciarono, trovando conforto e sostegno l'una nell'altra. Erano pronte a sfidare l'inesorabile destino imposto loro dal regime, determinate a combattere per la libertà e per un futuro migliore.

Il mattino seguente, l'atmosfera era tesa ad Harmony Prime. Le strade erano sorvegliate attentamente dalle truppe del regime, si aspettavano l'arrivo di Julie e dei ribelli per salvare Beatrix e oggi poteva essere uno di quei giorni, proprio oggi che Beatrix avrebbe avuto il suo cambiamento di DNA, ma non potevano sospettare che, invece tutto sarebbe stato come Hargrade aveva organizzato.

Beatrix era nella cella, preparandosi per l'arrivo delle truppe che avrebbero eseguito il cambiamento genetico. Assieme a loro arrivò anche Esmeralda, era perfetta nel suo ruolo di capo degli scienziati, i suoi occhi erano freddi e la sua voce dura. Disse ai soldati:

"Datevi una mossa, abbiamo molto da lavorare oggi, sbrigatevi a portare Beatrix in laboratorio". Beatrix rimase impietrita e un dubbio le oscurò il cervello:

Siamo sicuri oggi di avere l'antidoto invece che il cambiamento genetico?

Esmeralda era così dura e se fosse stato tutto un trucco? Ma non finì di pensarlo che Esmeralda le fece l'occhiolino e così Beatrix si rassicurò che avrebbe ricevuto l'antidoto e che sarebbe stata protetta da tutti i pericoli imminenti. Esmeralda: "bene ora appoggiatela qui sul letto e addormentatela". Beatrix: "NO lasciatemi, lasciatemi anche se voi mi somministrerete l'antidoto io non dimenticherò mai l'amore che provo verso Julie". E dopo queste parole arrivò anche Hargrade.

"Ciao Beatrix, vedo che ti sei ripresa bene dalle ferite, sprizzi energia da tutti i pori. Cos'è che dicevi? Non dimenticherai Julie? Sai, mi aspettavo un intervento dei ribelli, finalmente pensavo di prenderli tutti e invece sono solo dei codardi, ti hanno lasciato qui a marcire senza neanche sapere se sei viva e ora dici che non dimenticherai mai l'amore per Julie? Mi fate pena voi con la vostra parola amore, metteremo fine a tutto questo nel resto del Mondo e nessuno potrà più fermarci io e mia moglie Esmeralda governeremo su tutti voi".

Esmeralda gli sorrise e Beatrix disse soltanto questo: "Sappi che quello che qui fa pena sei proprio tu che non sei capace di amare e io so che Julie non mi ha dimenticata noi siamo legate dal filo rosso del destino e sarà così anche dopo che io non proverò più niente perché il vostro trucchetto non sarà eterno".

Hargrade: "Addormentatela e fatela tacere"! "Esmeralda attendo aggiornamenti". E Beatrix disse: "Julie ti amo" e si addormentò...sognò Julie, sognò il loro matrimonio che si sono promesse dopo che tutto questo sarebbe finito.

Esmeralda la guardò addormentarsi e pensò:

"Beatrix, tu e Julie siete le nostre leader. Senza il vostro amore, questa rivolta non avrebbe senso. Vi proteggeremo con tutte le nostre forze. Non vi lasceremo mai sole."

Erano già passate due ore e Beatrix si svegliò nella casa dove abitava con Julie, anche se sapeva di dover far finta che lei non era mai esistita, le si strinse il cuore dal dolore e non vedeva l'ora di riabbracciarla. "Bene, è ora di ritornare a questa vecchia vita e continuare a fingere. Julie tra poco tutto questo sarà finito e ci riabbracceremo". Arrivò in Palestra, dove lavoravano prima e nessuno fece un cenno di quello che era accaduto a lei e Julie. "Possibile che avevano già avuto il cambiamento genetico? Ma che Mondo è questo? Perché dobbiamo nascondere un sentimento così bello? Giuro che porremo fine a tutto questo e ritorneremo quello che eravamo una volta!" pensò Beatrix.

Capitolo 21: "L'unione dei ribelli"

L'alba sorse sul villaggio segreto, illuminando le strade ancora silenziose e tranquille. I ribelli erano già svegli, i loro occhi carichi di determinazione e speranza. Era il momento di perfezionare il piano e intraprendere l'ultima fase della missione per entrare ad Harmony Prime, salvare Beatrix e tutti gli altri, per ritornare a una vita normale.

Julie si alzò presto, sentendo il cuore battere forte nell'attesa dell'azione imminente. Si preparò con determinazione, indossando l'uniforme dei ribelli, il simbolo della loro lotta per la libertà. Guardò intorno a sé, vedendo i suoi compagni, i volti conosciuti che avevano condiviso con lei momenti di gioia e dolore. Ognuno di loro era importante per il successo della missione.

Sofì e Siria si tenevano per mano, un segno del loro amore e dell'unità, che alla fine anche se ancora Sofì non se ne era resa conto, le aveva guidate fin dall'inizio. Gabriel si assicurava che ogni arma fosse pronta e funzionante.

Mentre Emma controllava l'equipaggiamento medico, pronta ad aiutare chiunque avesse bisogno di cure. Alexander, il giovane e talentuoso spadaccino, si allenava con determinazione, preparandosi per il combattimento che lo attendeva.

Nel frattempo, Marcus si ritrovò da solo, si addestrava ancora e pensava anche ad Esmeralda. La donna che aveva amato e che aveva perso tanto tempo fa, e che ora gli era stata restituita. Aveva riacquistato la speranza di una vita insieme, di una famiglia riunita. Ma sapeva che c'era poco tempo per pensarci. Ora doveva concentrarsi sulla missione e sul salvataggio di Beatrix.

Hope si unì al gruppo e ai tremila abitanti del villaggio, portando con sé gli ultimi dettagli del piano. Spiegò con precisione ogni passo, ogni ruolo che ognuno doveva svolgere. La tensione era palpabile, ma tutti sapevano che quella era l'unica possibilità per liberare Beatrix e porre fine al regime di Harmony Prime. Si prese un momento per respirare profondamente, guardando il gruppo riunito intorno a lei. "Ognuno di voi ha un ruolo vitale in questa missione. Dobbiamo essere disciplinati, focalizzati e soprattutto uniti. La nostra forza risiede nella nostra determinazione e nel nostro impegno per un futuro migliore."

Le parole di Hope risuonarono nelle menti di tutti i ribelli, alimentando la loro determinazione. Era giunto il momento di agire, di fare ciò per cui avevano lottato e sacrificato. Ognuno di loro si sentiva parte di qualcosa di più grande, parte di una rivolta che avrebbe cambiato il corso della storia.

Con le istruzioni chiare e i ruoli definiti, il gruppo si preparò mentalmente e fisicamente per l'assalto finale. La tensione nell'aria era palpabile, ma era accompagnata da un senso di unità e speranza.

Era giunta l'ora di infiltrarsi ad Harmony Prime, e il villaggio segreto si preparava per l'impresa con determinazione e speranza. L'ingresso alla città era collegato ai sotterranei vicino al villaggio, nascosti in mezzo al folto del bosco. Per raggiungerli, dovevano percorrere un lungo cammino di circa un'ora attraverso la foresta, ma sapevano che era l'unico modo per entrare in città senza essere scoperti.

Hope, il coraggioso capo del villaggio, si avvicinò al gruppo di ribelli riuniti nel centro del villaggio. Oltre a

Julie, Sofì, Siria, Gabriel ed Emma, c'erano anche tutti i tremila abitanti del villaggio, pronti a partire con loro. Hope parlò con voce ferma e decisa: "Oggi è il giorno in cui cambieremo il corso della storia. Liberiamo Harmony Prime e poniamo fine all'oppressione. Ogni passo che faremo ci avvicinerà a un futuro migliore, e siamo uniti in questo obiettivo."

I cuori di tutti palpitarono all'unisono, pieni di emozioni contrastanti. L'ansia e la paura di ciò che li aspettava erano mitigate dall'entusiasmo di poter finalmente porre fine ad anni di tirannia. La camminata attraverso il bosco era silenziosa, solo il suono dei passi leggeri e decisi echeggiava tra gli alberi. Ogni passo li avvicinava a ciò che poteva essere sia il loro trionfo che la loro fine.

Durante il viaggio, Hope fece in modo di controllare che tutti fossero al sicuro e uniti. Incoraggiò i più giovani e anziani del villaggio, sostenendoli con parole di conforto e fiducia. Julie, al suo fianco, era la guida, guidandoli attraverso i sentieri segreti, mantenendo la rotta e assicurandosi che tutti seguissero. Sofì, Siria, Gabriel ed Emma agirono da guardie, stando alle spalle del gruppo per proteggerli da eventuali minacce.

I tremila abitanti del villaggio avanzavano verso il loro destino con un'unica determinazione. Sapevano che il futuro di Harmony Prime era nelle loro mani e non avrebbero potuto arrendersi. Ciascun passo che facevano avvicinava il momento cruciale.

Dopo un lungo e faticoso cammino, finalmente giunsero all'ingresso dei sotterranei. Era nascosto tra rocce e vegetazione, difficile da individuare per chi non lo conoscesse. Julie, con la sua conoscenza dettagliata di Harmony Prime, riuscì ad aprire l'accesso segreto e il gruppo si ritrovò all'interno dei sotterranei.

Le fiamme delle torce illuminavano il buio intorno a loro, mentre avanzavano con cautela. Ad ogni passo, la tensione aumentava, ma l'unità e la forza del gruppo li facevano sentire invincibili. Hope li guidava con saggezza, spiegando ogni passaggio del piano e assicurandosi che tutti fossero pronti per l'azione che li attendeva.

E così, nel cuore dei sotterranei di Harmony Prime, il villaggio segreto si preparava a sfidare il destino. Le loro vite erano intrecciate, unite da un unico obiettivo: liberare Beatrix e porre fine alla tirannia del regime. Con la speranza nel cuore e la determinazione nelle loro azioni, si preparavano ad affrontare ciò che li aspettava, pronti a lottare per la libertà e un futuro migliore.

Erano le ore 14 ed Esmeralda, fedele alla sua promessa, si posizionò fuori dalla palestra di Harmony Prime per aspettare Beatrix. Esmeralda sentiva un brivido di eccitazione per l'imminente riunione con i ribelli del villaggio segreto e, soprattutto, per il momento in cui Beatrix avrebbe finalmente rivisto Julie, la sua amata.

Mentre aspettava, Esmeralda scrutava ansiosamente il panorama circostante, assicurandosi di non essere notata dagli agenti di Harmony Prime, proprio per questo si era travestita. La sua mente era piena di speranza e desiderio di un futuro migliore, in cui la tirannia sarebbe stata abbattuta e la libertà avrebbe preso il sopravvento.

Poco dopo, vide avvicinarsi una figura familiare: Beatrix, la giovane donna coraggiosa che aveva accettato di seguirla nel cuore della ribellione. Esmeralda le sorrise, offrendole una mano amica. "Sono felice di vederti, Beatrix. Il momento tanto atteso è finalmente arrivato. Vieni con me, ti condurrò verso la tua amata Julie nel villaggio segreto."

Beatrix si avvicinò a Esmeralda, e le disse: "quasi non ti riconoscevo, è per via delle telecamere vero? Ma come faremo per quelle a infrarossi?" Esmeralda: "non ti preoccupare, conosco ogni angolo di dove sono posizionate e noi non ci passeremo". Beatrix aveva gli occhi colmi di emozione e speranza. Si presero la mano la mano a vicenda, e Beatrix ringraziò Esmeralda.

"Non vedo l'ora di farti rivedere Julie, Beatrix e di unirmi ai ribelli. È tempo di porre fine a questa oppressione e di costruire un futuro migliore per tutti noi."

Senza esitazione, Esmeralda guidò Beatrix attraverso le strade di Harmony Prime, evitando le zone di sorveglianza, anche se molto presto si sarebbero accorti della sua assenza e dell'assenza di Beatrix.

Avvicinandosi ai sotterranei della città, lungo il percorso, Esmeralda le raccontò la storia del villaggio segreto, dei coraggiosi ribelli e del loro piano per abbattere il regime. Beatrix ascoltava attentamente, sentendo crescere la determinazione dentro di lei.

All'ingresso dei sotterranei, Esmeralda si fermò e prese il volto di Beatrix tra le mani, guardandola negli occhi. "Questo è il punto di svolta, Beatrix. Una volta entrati qui, incontreremo i ribelli e finalmente sarai riunita con Julie. Ma ricorda, la strada sarà difficile e pericolosa. Dobbiamo rimanere uniti e determinati, perché solo così potremo cambiare il corso delle cose."

Beatrix annuì con risolutezza. "Sono pronta, Esmeralda. Sono pronta a lottare per la nostra libertà e per un futuro in cui possiamo amare senza paura. Grazie per avermi guidato fin qui e per avermi dato la speranza di un nuovo inizio."

Esmeralda sorrise, toccando leggermente la guancia di Beatrix. "Sarai protetta, Beatrix. Julie ti aspetta con tutto il suo amore. E insieme, affronteremo qualsiasi sfida ci si presenti. Ora, entriamo e uniamoci alla ribellione. È tempo di cambiare il corso della storia."

Con determinazione negli occhi, Esmeralda e Beatrix varcarono l'ingresso dei sotterranei, pronte a intraprendere il percorso che le avrebbe condotte alla libertà e alla possibilità di un amore senza confini.

Finalmente i ribelli del villaggio segreto si unirono ai ribelli di Harmony Prime nei sotterranei, creando un'atmosfera carica di emozione e determinazione. Nonostante provenissero da luoghi diversi, condividendo storie di oppressione e desiderio di libertà, si sentivano come una famiglia unita dallo stesso scopo. Si scambiarono sguardi compiaciuti e abbracci calorosi, rafforzando il legame tra di loro e alimentando la speranza di un futuro migliore.

Tra la folla dei ribelli, Julie e Beatrix si avvistarono reciprocamente. Un sorriso commosso illuminò il volto di Julie mentre le sue lacrime di gioia si mescolavano al desiderio di riabbracciare la sua amata. Si avvicinarono lentamente, come se il tempo intorno a loro si fosse fermato, tutti i ribelli aspettavano questo momento, era anche grazie a Julie e Beatrix che tutto questo stava avvenendo, tutti conoscevano la loro storia.

"Beatrix..." sussurrò Julie, le labbra tremanti. "Non sai quanto mi sei mancata, quanto ho desiderato questo momento, quanto ho desiderato stringerti tra le mie braccia, incrociare i tuoi occhi con i miei e ora finalmente sei qui davanti a me."

Beatrix le prese delicatamente il viso tra le mani, i suoi occhi brillavano di amore e riconoscimento. "Julie, sei stata la mia forza, la mia ragione per lottare. Ti ho amata ogni giorno di più anche quando siamo state separate. E ora, finalmente, siamo qui, insieme."

Senza dirsi una parola, i loro sguardi parlavano un linguaggio d'amore profondo e sincero, si avvicinarono ancora di più, i loro cuori che battevano all'unisono, e poi, con dolcezza e passione, le loro labbra si unirono in un bacio che raccontava la rinascita, speranza e unione.

La folla dei ribelli le osservava con occhi colmi di gratitudine e amore. Era un momento di trionfo per tutti, anche Marcus si avvicinò ad Esmeralda e Alexander con gli occhi pieni di gioia e commozione. Li abbracciò entrambi, sentendo il calore di quella famiglia che si era riunita dopo tanto tempo. Alexander era grato di vedere i suoi genitori finalmente uniti nella lotta per la libertà, e sapeva che insieme avrebbero potuto superare qualsiasi ostacolo.

Nel frattempo, Sofì si avvicinò a Julie e Beatrix con un sorriso luminoso sul viso. Le abbracciò forte, sentendo la felicità per la loro riunione. Era felice di vederle così innamorate e determinate, sapendo che finalmente sarebbero state in grado di affrontare insieme Harmony Prime e di costruire un futuro migliore.

Le ragazze si guardarono negli occhi, consapevoli dell'amore e del sostegno reciproco che le avrebbe sostenute in questa avventura. In quel momento, l'unione tra loro era più forte che mai, e insieme avrebbero affrontato qualsiasi sfida. Si tenevano strette, rafforzandosi l'una con l'altra, pronte a combattere per la libertà e per un futuro in cui poter vivere senza paura.

Finalmente i ribelli erano tutti uniti in un unico scopo: liberare Harmony Prime e costruire un mondo in cui tutti potessero vivere liberi e in pace. L'aria era carica di speranza e determinazione, e l'emozione si diffondeva tra loro come un fuoco che avrebbe acceso la fiamma della rivoluzione.

Erano pronti per il prossimo passo, per entrare in Harmony Prime e affrontare il destino che li attendeva. Con l'amore e il sostegno dei loro cari, con la forza della loro unione e la fiducia nelle loro abilità, si incamminarono insieme verso il futuro, pronti a lottare per ciò in cui credevano.

Capitolo 22: "Il richiamo della libertà"

I ribelli si guardavano negli occhi, sentendo l'energia e la determinazione che pulsava tra di loro. Erano tutti uniti dallo stesso desiderio di liberazione e di un futuro migliore. Mentre si conoscevano l'un l'altro, si scambiavano sorrisi e strette di mano, formando un legame indissolubile.

"Finalmente ci siamo," disse Julie, guardando gli altri ribelli con un misto di emozione e determinazione. "Siamo pronti a combattere per la nostra libertà, per un mondo in cui tutti possano vivere senza paura."

Beatrix si unì a lei, stringendole la mano. "Abbiamo aspettato questo momento per così tanto tempo. Ora è arrivato il momento di agire, di mettere fine all'oppressione di Harmony Prime." Emma, Siria e Gabriel annuirono sorridendo.

Marcus, che si era riunito al gruppo, annuì. "Siamo una squadra forte e unita. Insieme possiamo raggiungere l'impossibile."

Mentre discutevano i dettagli del piano, Hope ed Esmeralda richiamarono l'attenzione dei ribelli. Si fecero silenziosi e si avvicinarono per ascoltare le istruzioni.

"Stanotte sarà il momento dell'invasione," disse Hope, con voce ferma. "Ci infiltreremo ad Harmony Prime da dentro la città, approfittando delle sue vulnerabilità."

Esmeralda prese la parola, spiegando il piano in modo dettagliato. Descrisse come le squadre si sarebbero divise per colpire i punti cruciali di Harmony Prime, mettendo in atto un'azione coordinata e precisa.

"Squadra uno, composta da Sofì, Siria, Julie, Beatrix, Marcus e il nuovo arrivato, Alessandro, avrà il compito di disabilitare la centrale elettrica," disse Esmeralda. "Questa operazione renderà la città vulnerabile e impedirà qualsiasi resistenza da parte delle forze nemiche."

"Nel frattempo, squadra due, composta da Emma, Gabriel, Alexander io e un nuovo membro Daniel, ci occuperemo di fornire supporto e protezione," aggiunse Hope. "Dovremo garantire che il piano proceda senza intoppi e che i ribelli siano al sicuro durante l'operazione."

Esmeralda continuò a spiegare i dettagli del piano, indicando le tappe principali, i punti di ritrovo e le azioni specifiche che ogni squadra doveva compiere. Sottolineò l'importanza della comunicazione costante e della solidarietà tra i ribelli.

"Durante l'invasione, l'illuminazione della città verrà disattivata," disse Esmeralda. "Ma non preoccupatevi, avrete occhiali speciali che vi permetteranno di vedere nel buio. Assicuratevi di indossarli e di seguirne le istruzioni."

I ribelli ascoltavano attentamente, assorbendo ogni parola di Esmeralda e Hope. Sentivano l'adrenalina salire, ma anche la fiducia nell'abilità della loro squadra e nella giustizia della loro causa per cui stavano combattendo.

"Dobbiamo restare uniti," disse Marcus, guardando il gruppo con determinazione. "Siamo la speranza di Harmony Prime, e insieme possiamo cambiare il corso della storia." Hope ed Esmeralda ricordarono a tutti loro che mancavano nove ore all'invasione e quindi ora dovevano mangiare e riposare per essere carichi alla dura battaglia.

I sotterranei erano un luogo misterioso sembravano un'antica città dimenticata dal tempo, con le sue pareti di pietra scolpite e un'atmosfera avvolta nel mistero. Nel cuore di quel labirinto sotterraneo si trovava una fontana, simile a quella di Trevi, ormai quasi spenta e rovinata.

Julie e Beatrix, sentendosi attratte da quel luogo suggestivo, si ritrovarono vicino alla fontana. L'atmosfera intima e romantica le avvolgeva mentre si guardavano negli occhi. Julie, con delicatezza, prese un sacco a pelo dallo zaino e lo posò vicino alla fontana, creando un'area comoda dove potersi appoggiare.

Le loro mani si intrecciarono, i loro sguardi si incontrarono in un intenso desiderio. Il silenzio del momento era interrotto solo dal leggero gorgoglio dell'acqua, offrendo loro un'aura di intimità e protezione.

Senza dire una parola, Julie avvicinò le labbra a quelle di Beatrix, lasciando che l'amore si manifestasse in un bacio appassionato. Un fremito di emozione attraversò entrambe, mentre si abbandonavano all'energia dell'amore che li circondava.

Nel cuore dei sotterranei, nascosti dalle mura antiche, Julie e Beatrix si unirono in un abbraccio intenso e appassionato. La passione ardeva tra loro come un fuoco che non poteva essere domato. Si lasciarono trasportare dal desiderio, dando sfogo a tutto ciò che avevano trattenuto dentro di loro per tanto tempo.

Il tempo sembrava fermarsi in quel momento, mentre il mondo intorno a loro spariva. Erano solo loro due, il loro amore e il richiamo della libertà che le univa. Nell'abbraccio della passione, si sentivano invincibili, pronte ad affrontare qualsiasi sfida che si trovasse loro davanti.

In quel luogo segreto, lontano dagli occhi indiscreti, Julie e Beatrix si unirono nell'intimità della loro connessione, trovando la forza e il coraggio necessari per affrontare l'invasione imminente. Si abbracciarono, promettendosi reciprocamente che sarebbero tornate l'una verso l'altra, indipendentemente dalle avversità che le attendevano, ma Beatrix aveva ancora una cosa da fare, con il cuore pieno di amore e determinazione, guardò Julie negli occhi e disse: "Julie, so che la guerra è imminente e tutto sembra incerto, ma in questo momento mi rendo conto di quanto tu sia speciale per me. Vorrei chiederti qualcosa di importante."

Julie, commossa e sorpresa, rispose: "Certo, Beatrix. Qualunque cosa per te".

Beatrix prese una profonda boccata d'aria, cercando di trovare le parole giuste per esprimere ciò che provava. "Julie, da quando ti ho incontrata, la mia vita è cambiata in un modo che non avrei mai immaginato. Mi hai dato amore, speranza e un motivo per lottare. Vorrei chiederti di sposarmi proprio come si faceva una volta e te lo chiedo ora qui, in questo luogo magico e segreto, che sembra richiamarci alla vita di un tempo e vicino a questa fontana che ci ha regalato un momento così speciale." Vuoi essere mia moglie?"

Le lacrime iniziarono a scorrere sulle guance di Julie, emozionata e felice. "Beatrix, io... Non so nemmeno come esprimere quanto ti amo e quanto tu sia importante per me. Anche se la situazione è complicata, io sono pronta a sposarti, sono pronta a passare con te tutta la mia vita, non esiste nient'altro che desidererei per noi. Voglio condividere tutto con te, qualunque cosa ci riservi il futuro."

Beatrix sorrise, un misto di gioia e commozione, e prese la mano di Julie nella sua. " Non potrei desiderare di meglio che solo noi. Anche se il nostro cammino sarà difficile, so che possiamo superare qualsiasi cosa insieme."

Le due donne si avvicinarono e si scambiarono un dolce e appassionato bacio, suggellando la loro promessa di amore eterno. Con il cuore colmo di speranza e amore, le due donne tornarono tra i ribelli, pronte a combattere per la libertà e il futuro di Harmony Prime. In quel momento, il richiamo della libertà era più forte che mai, e con il sostegno degli amici e dei compagni, si prepararono ad affrontare l'invasione con coraggio e determinazione. Le nove ore erano trascorse velocemente e i ribelli si divisero in due gruppi, ciascuno con un compito preciso da svolgere durante l'invasione ad Harmony Prime.

Nel primo gruppo si trovavano Julie, Beatrix, Marcus, Alessandro, Sofì e Siria. Erano pronti ad affrontare la battaglia, armati di coraggio e determinazione.

Mentre il secondo gruppo era formato da Hope, Esmeralda, Alexander, Daniel, Gabriel ed Emma. Avevano il compito di disattivare la centrale elettrica di Harmony Prime per gettare la città nell'oscurità. Indossavano degli occhiali speciali che permettevano loro di vedere nel buio.

L'ora dell'invasione era giunta. Entrambi i gruppi si mossero silenziosamente attraverso i labirintici sotterranei di Harmony Prime, sfruttando il loro intimo conoscimento della città. Ogni passo era calcolato, ogni movimento era sincronizzato.

Nel primo gruppo, Julie stringeva saldamente la mano di Beatrix, trasmettendole sicurezza e amore. Marcus camminava al loro fianco, orgoglioso di vedere sua moglie e suo figlio uniti nella lotta per la libertà. Sofì e Siria, fianco a fianco, si sostenevano reciprocamente, pronte a difendere il loro amore in ogni momento. Alessandro, determinato e coraggioso, era pronto a combattere per un futuro migliore.

Nel secondo gruppo, Hope guidava la squadra con fiducia ed esperienza. Esmeralda, con la sua determinazione, sapeva che stava finalmente facendo la differenza. Alexander, figlio di Marcus ed Esmeralda, dimostrava il suo coraggio e la sua lealtà. Daniel, Gabriel ed Emma erano uniti nell'obiettivo comune di abbattere il regime di Harmony Prime.

Le due squadre avanzavano con cautela, evitando di essere scoperte dalle sentinelle nemiche. Ogni tanto si potevano udire sussurri e segnali di comunicazione tra i membri dei gruppi. La tensione era palpabile, ma l'energia della ribellione bruciava dentro di loro.

Finalmente, raggiunsero i loro obiettivi. Il primo gruppo prese posizione nei punti strategici all'interno della città, pronti ad attaccare le forze nemiche. Nel frattempo, il secondo gruppo si infiltrò nella centrale elettrica, disattivandola con abilità e precisione.

Harmony Prime sprofondò nell'oscurità, ma...

Mentre i ribelli avanzavano coraggiosamente nelle strade oscure di Harmony Prime, accadde qualcosa di inaspettato. Dopo qualche minuto, la città ritornò a brillare di luce, e dalla quiete delle strade emersero i soldati e il presidente Hargrave. La sorpresa e la confusione si diffusero tra i ribelli, che si guardavano l'un l'altro con sconcerto.

"Ma come è possibile?" sussurrò Julie, guardando con incredulità l'illuminazione improvvisa.

Beatrix si aggrappò alla mano di Julie, sentendo l'ansia crescere dentro di sé. "Qualcosa non va. Dobbiamo stare attente", disse, cercando di mantenere la calma.

Marcus, con sguardo deciso, si voltò verso gli altri ribelli. "Non possiamo indietreggiare ora. Abbiamo combattuto troppo duramente per arrenderci. Dobbiamo rimanere uniti e trovare un modo per affrontare questa nuova situazione."

Il presidente Hargrave si palesò davanti ai ribelli, circondato dai suoi soldati. Il suo sorriso era beffardo e sicuro di sé. "Pensavate di poter prendere Harmony Prime così facilmente? Siete solo un branco di stupidi".

"La nostra tecnologia è troppo avanzata per voi." "Avete pensato davvero di potermi sconfiggere così facilmente? Questa città appartiene a me!"

Hope, con la sua voce autoritaria, si fece avanti. "Non sottovalutateci, presidente. Siamo determinati a rovesciare il vostro regime oppressivo e a riportare la libertà a Harmony Prime."

Il presidente Hargrave rise sarcasticamente. "La vostra presunzione vi ha condotti a questa fine. Ora, arrendetevi o affrontate le conseguenze."

Sofì si avvicinò a Julie, abbracciandola con forza. "Non possiamo arrenderci, Julie. Abbiamo combattuto finora per un futuro migliore. Dobbiamo trovare un modo per sconfiggerli."

Julie annuì, determinata. "Hai ragione, Sofì. Non possiamo arrenderci. Troveremo una soluzione per liberare tutti e soprattutto il popolo di Harmony Prime non deve pagare tutto questo con la sua vita".

Hargrave: "Liberare? Voi non avete idea di cosa sia la libertà! La vostra insurrezione è destinata a fallire. Siete solo dei vermi che cercano di mettere in discussione il mio potere!"

Esmeralda prese coraggio e si avvicinò, affrontando lo sguardo del presidente con fermezza.

Esmeralda: "Hargrave, tu non capisci il vero significato della libertà. È il diritto di ogni individuo di vivere senza essere oppresso, senza temere per la propria vita. Tu hai soffocato la mia speranza e quella di tutti noi, ma ora è il momento di porre fine a questa tirannia."

Il presidente Hargrave scosse la testa con disprezzo.

Hargrave: "Voi non potete fermarmi! Questa città mi appartiene e continuerà ad appartenere a me. Parli proprio tu Esmeralda che hai finto di amarmi in tutti questi anni, sai che sono io ad averti permesso di trovare l'antidoto? Ti ho osservata a lungo e se lo hai usato è solo perché io volevo prendermi tutti voi e vendicarmi per avermi tradito dopo che ti ho salvato la vita. E proprio stanotte siete tutti qui, come avevi pianificato. E non basterà il tuo antidoto per mettere fine a tutto questo, c'è un Mondo là fuori d'accordo con me per continuare su questa strada".

Esmeralda: "Hargrave, un tempo avrei fatto qualsiasi cosa per te, proprio perché mi avevi privato dei miei ricordi del mio amore per Marcus, non ti ricordi di quanto un tempo noi tre eravamo molto uniti? Perché hai permesso che l'odio verso di me e Marcus ti consumasse così? Hai tradito tutto ciò in cui tu stesso credevi per primo, hai scelto il potere e l'oppressione invece della giustizia e della libertà."

Hargrave: "Stai zitta, sei una lurida traditrice! Mi hai sempre voltato le spalle e ora pensi di ricucire tutto con due paroline sistemate per bene? Eravamo una squadra, uniti nel dominio di questa città e hai comunque deciso di unirti a questi schifosi ribelli. Voi morirete tutti qui stanotte, sarà un bagno di sangue e non per colpa mia, ma per la vostra stupidità e per il vostro sciocco sentimento".

Esmeralda: "No, Hargrave. Eravamo solo due persone che avevano smarrito il vero significato della vita. Mi hai costretto a fuggire, a rinunciare a tutto per cercare un futuro migliore, non mi hai mai detto che Marcus mi stava cercando e che lui mi credeva morta, cosa speravi di ottenere così? Una bambola? Non lo sarò mai a costo di morire qui stanotte!"

Hargrave: "E pensi di poter trovare la felicità con Marcus? Lui è solo un rivoluzionario senza scopo!"

Esmeralda: "Marcus ha sempre creduto in una causa più grande di sé stesso, ha smarrito per un momento la retta via ma l'ha anche ritrovata proprio perché mi ama e lui crede nella giustizia e nella libertà. E io ora credo in lui. Insieme ai ribelli, stiamo lottando per una città che sia libera da tirannie come la tua."

Hargrave: "Non riuscirai mai a sconfiggermi, Esmeralda. Io ho il controllo di questa città, e presto riprenderò il potere!"

Esmeralda: "Non hai ancora capito. Questa non è solo una battaglia fisica, ma una battaglia di ideali. E noi abbiamo dalla nostra parte la forza del popolo, la determinazione di coloro che desiderano la libertà."

Marcus si unì alla conversazione, sostenendo Esmeralda con fermezza.

Marcus: "Hargrave, il tuo tempo è scaduto. Il popolo di Harmony Prime ha sofferto abbastanza. È giunto il momento di porre fine alla tua tirannia e di restituire a questa città la sua vera essenza. Un tempo ti volevo bene ma ora quel tempo è finito, ora viene prima la mia famiglia composta anche dai ribelli."

Hargrave, infuriato, cercò di mantenere un'apparenza di potere e disse: "Vi distruggerò tutti! Non potrete mai vincere contro di me!"

Ma le parole di Hargrave suonavano sempre più vuote, mentre i ribelli si avvicinavano, dimostrando unità e determinazione.

Esmeralda: "La tua arroganza ti ha reso cieco, Hargrave. La libertà vincerà, e tu sarai ricordato solo come un despota senza scrupoli."

A quel punto, il rumore di passi si fece udire. Era il suono di centinaia di ribelli che si univano in un'unica massa, avanzando determinati verso Hargrave e i suoi soldati.

Hope: "È vero, Hargrave, forse non bastiamo per fermarti. Ma insieme, con il nostro coraggio e la nostra determinazione, possiamo dire di averci provato."

I ribelli si avvicinavano sempre di più, pronti a combattere per la loro causa. Non si lasciavano intimidire dalle parole sprezzanti del presidente, ma erano determinati a lottare fino alla fine.

Hargrave, di fronte all'avanzata dei ribelli, tentò un'ultima mossa disperata.

Hargrave: "Soldati, fermateli! Non permettete loro di distruggere ciò che abbiamo costruito!"

Ma i soldati, una volta al servizio di Hargrave, si guardarono l'un l'altro, rivelando incertezza nei loro occhi. Molti di loro erano cresciuti a Harmony Prime e non erano disposti a combattere contro il proprio popolo, nonostante avessero avuto la mutazione genetica il loro amore non era così assopito.

Julie: "Hargrave, la tua tirannia è finita. Il popolo si è ribellato, i tuoi soldati stanno abbandonando le tue fila. La libertà trionferà."

Beatrix: "Hai fatto del male a tante persone, Hargrave. Hai cercato di dividerci, di controllarci, ma ora è giunto il momento della giustizia. Non avrai più il potere di distruggere le nostre vite."

Hargrave: "Non capite? Io sono il signore di questa città, e il mio potere non può essere abbattuto così facilmente!"

Hope si rivolse ai soldati, con voce decisa.

"Soldati, unitevi a noi! Abbiamo il potere di liberare questa città e di costruire un futuro migliore!" So che avete già avuto la mutazione genetica ma se ascoltate il vostro cuore possiamo superare tutto, non facciamo un bagno di sangue, qui stanotte, tornate in voi lottate.

E così, uno dopo l'altro, i soldati si unirono ai ribelli. Era il segno che la speranza era più forte della paura, che il desiderio di libertà era più potente dell'oppressione.

La battaglia per la libertà era appena iniziata. I ribelli avevano dimostrato la loro forza e determinazione, pronti a lottare fino alla fine per abbattere il regime di Harmony Prime e riportare la giustizia nella città che amavano.

Ma mentre Hargrave si dibatteva tra la rabbia e la disperazione, i soldati che un tempo lo avevano fedelmente servito iniziarono a voltargli le spalle.

Soldato dopo soldato, le file di Hargrave si assottigliavano sempre di più, mentre i ribelli ricevevano rinforzi da parte della popolazione che si univa a loro.

Le strade di Harmony Prime si riempirono di persone determinate a combattere per la loro libertà. Il rumore delle loro voci unite risuonava nelle piazze, riempiendo l'atmosfera di speranza e resilienza.

Julie: "Guarda, Beatrix. Il popolo ha risposto alla chiamata della libertà. Siamo uniti e pronti a riconquistare la nostra città."

Beatrix: "Sì, Julie. Non siamo soli in questa lotta. Siamo circondati da persone coraggiose che credono in un futuro migliore."

Mentre i ribelli e i soldati di Harmony Prime si univano, formando una marea di persone determinate, le strade di Harmony Prime erano ormai completamente nelle mani dei ribelli e con grande stupore, pian piano, anche la popolazione di Harmony Prime si unì ai ribelli, stufa di vivere nell'ombra della paura e desiderosa di un futuro migliore.

Le strade si riempirono di persone, vecchi e giovani, che gridavano slogan di libertà.

La voce di Hargrave si perse tra la folla, ma prima di fuggire, cercò di affermare il suo potere.

Hargrave: "Questa non è la fine! È solo l'inizio di una grande guerra! Ci rivedremo presto, schifosi ribelli!"

Mentre la folla si riversava nelle strade di Harmony Prime, il presidente Hargrave cercava disperatamente un modo per fuggire. Sapendo che era ormai accerchiato dai ribelli, fece sparare dei colpi dai suoi pochissimi soldati rimasti al suo fianco per aprirsi un varco nella folla, per poter usare un mezzo insolito per sfuggire alla cattura.

Hargrave si avvicinò a un vecchio elicottero militare degli anni 2070, tenuto nascosto per occasioni segrete, in modo da non essere rintracciabile con le nuove tecnologie, era in un capannone abbandonato appena fuori la città. Senza esitazione, salì a bordo con i suoi soldati e avviò il motore. Julie, Beatrix, Esmeralda e Marcus si resero conto delle sue intenzioni e si lanciarono all'inseguimento.

Mentre l'elicottero si alzava in volo, i quattro ribelli correvano freneticamente verso di esso, cercando di afferrare Hargrave che era alla guida, prima che fosse troppo tardi. Le pale dell'elicottero sibilavano nell'aria, ma i nostri eroi non si arresero.

Julie: "Non possiamo permettergli di scappare! Dobbiamo fermarlo!"

Beatrix: "non abbiamo altra soluzione che sparare".

Esmeralda: "Marcus, prendi la mira! Abbattiamo quell'elicottero!"

Marcus, con fermezza, prese la mira e sparò verso l'elicottero. I proiettili colpirono la fusoliera, ma Hargrave era abile nel manovrare il mezzo e sfuggì alla cattura.

Mentre l'elicottero si allontanava nel cielo, i quattro ribelli guardarono con rabbia e frustrazione.

Marcus: "è scappato. Ma non potrà nascondersi per sempre. Lo troveremo".

Julie: "esatto. Non ci fermeremo finché non avremo portato Hargrave davanti alla giustizia".

Beatrix: "la nostra lotta non finisce qui. Continueremo a combattere per la libertà di Harmony Prime e del Mondo''.

Esmeralda: "abbiamo dimostrato che l'unità e il coraggio possono abbattere la tirannia. Non ci arrenderemo mai".

Con determinazione negli occhi, i quattro ribelli tornarono verso la folla festante, pronti a continuare la loro lotta per la libertà e a ricostruire una città migliore per tutti i suoi abitanti.

La città era diventata un fiume in tumulto, pronto a travolgere la dittatura che l'aveva oppressa per troppo tempo.

Con Harmony Prime finalmente libera dalle grinfie di Hargrave, i ribelli si guardarono intorno con un misto di gioia e cautela. La folla festante riempiva le strade, mentre la popolazione si abbracciava in un abbraccio collettivo di liberazione. Era un momento di gioia, ma anche di consapevolezza che il loro cammino non era ancora finito.

Julie si avvicinò al centro del villaggio, alzando le braccia per richiamare l'attenzione di tutti. La folla si fece silenziosa, aspettando le sue parole.

Julie: "amici, abbiamo ottenuto la nostra libertà, ma sappiamo che questa è solo la prima tappa della nostra lotta. Hargrave è fuggito, e possiamo essere certi che non si fermerà qui. Dobbiamo prepararci a qualcosa di più grande, ma per ora, godiamoci questo periodo di pace".

La folla applaudì e acclamò, consapevole che la sfida non era ancora finita. Ma nell'aria si respirava una nuova speranza, una determinazione a non arrendersi mai di fronte alle avversità.

Mentre la città si riempiva di vita e le persone si riunivano per festeggiare, i ribelli si scambiarono sguardi compiaciuti. Sapendo che avrebbero affrontato nuove battaglie, erano pronti ad affrontarle insieme. In quel momento, la libertà pervadeva l'aria, alimentando i loro cuori e le loro menti. Mentre si godevano quel momento di calma, i ribelli sapevano che avrebbero combattuto con ogni fibra del loro essere per proteggere ciò che avevano conquistato. Niente li avrebbe fermati, perché la loro determinazione era incrollabile.

E così, mentre Harmony Prime si avviava verso un futuro incerto, i ribelli si preparavano a ciò che sarebbe venuto.

Capitolo 23 "Un Nuovo Inizio: L'Amore e la Rinascita di Harmony Prime"

La città di Harmony Prime era avvolta da un'atmosfera di gioia e speranza. Dopo anni di oppressione e lotta, finalmente la libertà aveva trovato il suo cammino verso le strade e gli animi dei suoi abitanti. La popolazione si riuniva, i sorrisi erano evidenti sui volti di tutti e l'entusiasmo era palpabile nell'aria.

Nel cuore del villaggio, Julie e Beatrix erano immerse nei preparativi per il loro matrimonio imminente. Le strade erano decorate con fiori colorati e le case erano illuminate da luci festose. L'energia dell'amore riempiva ogni angolo della città.

Julie si affrettava di qua e di là, assicurandosi che tutto fosse perfetto per il grande giorno. Beatrix, con un vestito bianco elegante, la guardava con affetto e ammirazione e le disse: "Julie è tutto perfetto non ti preoccupare di niente e smetti di andare in giro vestita così o rovinerai il vestito e sappiamo quanto tu sia una pasticciona", e risero assieme. "Però, per quanto tu sia una pasticciona, sei ancora più bella oggi, amore mio", sussurrò Beatrix, avvicinandosi e stringendo delicatamente la mano di Julie. "Non vedo l'ora di chiamarti mogliettina mia davanti a tutti senza più nasconderci".

Julie sorrise, emozionata. "Anche io non vedo l'ora di farlo, ti amo così tanto, abbiamo superato insieme così tante sfide, che ora possiamo finalmente iniziare una nuova vita insieme".

Mentre Julie e Beatrix si perdevano negli occhi l'una dell'altra e si baciarono, le voci di Sofì ed Esmeralda si fecero sentire. "Ragazze tenevi qualcosa anche per dopo" e risero. Sofì: "il matrimonio sarà stupendo. Abbiamo lavorato duramente per arrivare fin qui, e ora è arrivato il momento di celebrare il vostro amore e la rinascita di questa città. Anche se tu Julie, oggi, potevi essere mia e le fece la linguaccia". Beatrix: "cosa vuol dire questa Frase?"

Sofì: "ti spiegherò tutto con calma, ma sappi che questa donna ti ama come non ha mai amato nessuno" e le mise la spilla a forme di fiore di un amico del sole, che Julie le aveva regalato. Sofì: "grazie Julie per questa spilla ma a me ora non serve più, può ritornare a te e vi auguro una vita felice, amiche mie". Entrò anche Siria in stanza, si avvicinò a Sofì e le disse: "il prossimo matrimonio sarà il nostro", arrossirono e si abbracciarono.

Le strade si riempirono di abitanti che si preparavano per il grande evento. Le risate, i canti e la musica risuonavano in ogni angolo. La piazza principale era stata trasformata in un meraviglioso luogo di festa, con un palco adornato da fiori e luci scintillanti.

Durante il matrimonio, le emozioni raggiunsero l'apice. Julie e Beatrix si scambiarono le promesse con voce tremante, pronunciando parole piene d'amore e impegno reciproco. Le lacrime di gioia bagnavano gli occhi degli ospiti, che osservavano commossi questa dimostrazione di amore incondizionato.

Dopo la cerimonia, la festa si scatenò nella piazza principale. La musica risuonava a tutto volume, mentre la gente ballava, rideva e si abbracciava. Julie e Beatrix si lasciarono trascinare dalla musica, danzando tra la folla con le mani intrecciate, completamente felici e innamorate.

Beatrix: "Julie poi mi spiegherai perché Sofì aveva la spilla che ti avevo regalato io e cosa intendesse che oggi doveva esserci lei, e bada a come risponderai o questo sarà il primo divorzio della storia" e assieme risero tanto così tanto da farsi venire il mal di pancia. Julie le disse: "non è ciò che pensi Mogliettina mia, ma ti spiegherò tutto, sappi che ti amo e ti ho amata da sempre".

Nel frattempo, Marcus ed Esmeralda si unirono al festeggiamento, portando con loro un senso di speranza e rinnovamento. Marcus prese la mano di Esmeralda e la strinse con affetto. "Finalmente siamo liberi, mia cara. E possiamo costruire un futuro migliore per noi e per Alexander".

Esmeralda sorrise, guardando Marcus negli occhi. "Sì, Marcus, siamo finalmente liberi. E insieme possiamo fare grandi cose. Sono grata per tutto ciò che abbiamo superato e per quello che abbiamo ancora da conquistare".

Sofì, Siria Emma e Gabriel e gli altri ribelli si unirono alle celebrazioni, abbracciandosi e condividendo momenti di gioia e gratitudine. "Guardate come siamo uniti, come abbiamo lottato insieme", disse Sofì con un sorriso.

"Questo è solo l'inizio di una nuova era, e siamo pronti per qualsiasi sfida ci aspetti".

Gabriel: "hai ragione Sofì saremo pronti per qualsiasi cosa avverrà. Ci proteggeremo a vicenda per sempre" e guardò Emma, "tu sei il mio rifugio sicuro in un mondo caotico, sei la mia calma e la mia felicità".

Emma: "Gabriel, amo ogni singola parte di te, il tuo sorriso, il tuo abbraccio, il tuo amore incondizionato. Sarò al tuo fianco per sempre". Il gruppo si abbracciò con Marcus, Hope, Esmeralda e Alexander.

La notte si trasformò in una festa senza fine. Le luci risplendevano nella città appena rinnovata, mentre le risate e i sorrisi riempivano l'aria. Harmony Prime aveva trovato la sua libertà e il suo futuro, e nulla avrebbe potuto fermarli. Mentre la festa continuava e i cuori di tutti erano colmi di speranza, Hargrave atterrò in una base militare remota, dall'altra parte del mondo.

Determinato e pieno di rabbia, si preparò a portare a termine la sua missione. Era deciso a completare ciò che aveva iniziato, senza tener conto delle conseguenze. Con la mente concentrata sul suo obiettivo, si pose in azione, determinato a tornare ad Harmony Prime e a ristabilire il suo controllo sulla città e sul Mondo. La sua sete di potere non conosceva limiti, e nulla avrebbe potuto fermare il suo cammino.

Se pensi che questo libro ti sia piaciuto e ti abbia regalato delle bellissime emozioni, ti chiedo solo di dedicare pochi secondi a lasciare una breve recensione positiva su Amazon!

Grazie,

Giulia Bruni